Josh McDowell

Die
Papa-Connection

W0227018

So legen Sie ein gutes Fundament
im Leben Ihrer Kinder

Schulte & Gerth

Die amerikanische Originalausgabe erschien im Verlag
Broadman & Holmann Publishers, Nashville, Tennessee
unter dem Titel „The Father Connection".
© 1996 by Josh McDowell
© der deutschen Ausgabe 2000 Gerth Medien GmbH, Asslar
Aus dem Amerikanischen übersetzt von Barbara Mogel.
Deutsche Bearbeitung von Michael Mogel und Sabine Pujol.

In diesem Buch wurden die Bibelzitate
aus den folgenden Übersetzungen entnommen:

Hfa: Hoffnung für alle, Brunnen Verlag Basel und Gießen
EÜ: Einheitsübersetzung, Katholische Bibelanstalt Stuttgart
L: Übersetzung nach Martin Luther, 1984,
Deutsche Bibelgesellschaft Stuttgart

Best.-Nr. 815 633
ISBN 3-89437-633-3
1. Auflage 2000
Umschlaggestaltung: Michael Wenserit
Umschlagfoto: The Stock Market
Satz: Die Feder GmbH, Wetzlar
Druck und Verarbeitung: Schönbach-Druck
Printed in Germany

Inhalt

Kapitel 1

Taffe Zeiten für Väter

Ich erinnere mich noch ganz deutlich an all meine Gedanken und Gefühle, als ich vor mehr als zwanzig Jahren unser erstes Kind in den Armen hielt und in das Gesicht meiner kleinen Tochter Kelly blickte. Sie war in eine weiche gelbe Decke gehüllt, und wie alle Eltern zählte ich ihre Finger, ganz beeindruckt von der Vollkommenheit dieses kleinen Lebewesens. Sie war so hilflos und kostbar, und sie gehörte uns. Während ich noch über sie staunte, machte sich auch ein anderes, wohl bekanntes Gefühl in mir breit: Entsetzen. „Und was nun? Ich habe doch nicht die geringste Ahnung, wie ich meinem Kind ein guter Vater sein kann!"

Ich selbst habe als Kind keine väterliche Liebe erfahren, und so hatte ich auch kein gutes Vorbild für diese Aufgabe. Ich kann mich nicht daran erinnern, dass mein Vater jemals etwas allein mit mir unternommen oder sonst Zeit mit mir verbracht hätte. Ich war nie stolz auf meinen Vater und wollte auf keinen Fall so werden wie er. Meine Kindheit verbrachte ich auf einer Farm am Rande einer Kleinstadt in Michigan in den USA. Dort kannte jeder jeden, und alle wussten natürlich auch, dass mein Vater Alkoholiker war. Als ich Teenager war, machten meine Freunde Witze über ihn, und ich lachte mit. Ich hoffte wohl, dass niemand den Schmerz hinter meinem Lachen wahrnehmen würde. Ich hasste meinen Vater, weil ich mich für ihn schämen musste, und vor allem hasste ich ihn dafür, wie er mit meiner Mutter umging. Manchmal entdeckte ich sie zusammengekauert in der hintersten Ecke des Kuhstalles. Mein Vater hatte sie so geschlagen, dass sie nicht mehr aufstehen konnte. Ein paar Mal, wenn er völlig betrunken nach Hause kam, zog ich ihn in den Stall zu den Pferdeboxen und band ihn an einem Pfosten fest, damit er seinen Rausch ausschlafen konnte. Manchmal schnürte ich ihm die

Füße zusammen und legte das andere Ende der Schlinge um seinen Hals in der Hoffnung, er würde sich bei einem Befreiungsversuch selbst erdrosseln. Als meine Mutter kurz vor meinem Schulabschluss starb, gab ich ihm an ihrem Tod die Schuld.

Obwohl es, nachdem ich später Christ geworden war, zu meiner großen Freude zu einer Versöhnung mit meinem Vater gekommen war und ich ihm sogar dabei helfen durfte, sein Leben ebenfalls Christus anzuvertrauen, fühlte ich mich völlig überfordert, als ich plötzlich selbst vor der Aufgabe stand, Vater zu sein.

Vatersein – ein schwerer Job

Sie hatten hoffentlich nicht eine so schwierige Beziehung zu Ihrem Vater wie ich, aber sicher sind Sie auch der Ansicht, dass Vaterschaft eine Herausforderung ist, die einem Angst machen kann. Schließlich gibt es dafür weder eine Ausbildung noch eine konkrete „Arbeitsbeschreibung". Man ist im Prinzip darauf angewiesen, aus den eigenen Erfahrungen zu lernen. Meistens geht man nach Fehler oder Irrtum vor, wobei man anfangs wohl eher Fehler macht. Jemand hat einmal gesagt, dass die meisten Eltern erst dann ihre Hochform erreichen, wenn ihre eigenen Kinder bereits Eltern geworden sind, wobei sie dann natürlich alles ganz anders als die jungen Leute machen würden.

In den vergangenen Jahren habe ich viele meiner „Mitstreiter" beobachtet und sie beraten. Die meisten geben sich alle Mühe, gute Väter zu sein, aber fühlen sich oft hoffnungslos überfordert. Sie versuchen, ihre Aufgaben als Väter, ihre Rolle als Ehemänner und die Anforderungen im Beruf unter einen Hut zu bringen. Da sie auf allen Gebieten möglichst erfolgreich sein wollen, haben sie alle Hände voll zu tun. Die meisten haben einen dicht gedrängten Terminplan und stehen von allen Seiten unter Druck. Es fehlt ihnen an praktischen Hilfen. Andere haben zudem noch Schwierigkeiten in der Ehe oder sie haben im Laufe der Zeit ungesunde Lebensgewohnheiten angenommen, die sie gern ändern möchten. Dazu kommt, dass Väter, die ihre Aufgabe ernst nehmen, heute stärker gefordert sind als früher.

Wir leben in einer Welt, in der sich die Familien mehr und mehr in einer Zerreißprobe befinden. In unserer Kultur werden die Wahrheiten der Bibel abgelehnt. Die biblischen Maßstäbe werden lächerlich gemacht, Sex und Gewalt werden verherrlicht, Trunksucht und aufsässiges Benehmen werden toleriert oder gar gefördert. In unserer Gesellschaft scheint allmählich die Fähigkeit verloren zu gehen, Wahrheit und Lüge, Recht und Unrecht voneinander zu unterscheiden. Moral scheint eher eine Sache des persönlichen Geschmacks zu sein und hängt ganz von der persönlichen Einstellung des Einzelnen ab. Wir stehen vor der beängstigenden Aufgabe, unsere Kinder in einem gesellschaftlichen Umfeld aufzuziehen, das in einer tiefen Krise steckt. Die Statistik zeichnet ein düsteres Bild von der Lebenswirklichkeit Jugendlicher. *Täglich* passiert in den Vereinigten Staaten Folgendes:

- 1.000 Mädchen im Teenager-Alter werden Mütter
- 1.106 Abtreibungen bei Jugendlichen
- 4.219 Teenager infizieren sich mit einer Geschlechtskrankheit
- 500 Jugendliche beginnen, Drogen zu nehmen
- 1.000 Jugendliche beginnen, Alkohol zu trinken
- 135.000 Schüler bringen eine Pistole oder eine andere Waffe mit in die Schule
- 3.610 Jugendliche werden missbraucht, 80 vergewaltigt
- 2.200 verlassen vorzeitig die Schule
- 7 Kinder und Jugendliche (10–19 Jahre) werden ermordet
- 7 Jugendliche unter 17 Jahren werden unter Mordverdacht verhaftet
- 6 Jugendliche begehen Selbstmord.[1]

Es ist kein Wunder, dass vielen Männern angesichts dieser Aufgabe angst und bange wird. Die Vaterrolle ist aber nicht nur eine Aufgabe, die einem Angst machen kann, sie ist in vielerlei Hinsicht eine der wichtigsten Aufgaben überhaupt. Wir brauchen mutige Väter!

Vatersein – ein wichtiger Job

Die Beziehung eines Kindes zu seinem Vater ist ein entscheidender Faktor für seine gesunde Entwicklung und seine innere Stabilität. Hier ein paar aufschlussreiche Daten:

- Dr. Loren Moshen vom National Institute of Mental Health (nationales Institut für geistige Gesundheit) hat festgestellt, dass Jugendliche eher zu Kriminalität neigen, wenn der Vater in einer Familie nicht vorhanden ist, als wenn eine Familie arm ist.
- Eine Gruppe von Verhaltensforschern der bekannten Yale-Universität hat in 48 Ländern ein Forschungsprojekt durchgeführt. Man stellte fest, dass die Neigung zu kriminellen Handlungen bei den Personen am größten war, die als Kind ausschließlich von Frauen betreut wurden.
- Ein Kind, dessen Vater sich beim Abendessen mit ihm unterhält, erbringt bessere Leistungen in der Schule als andere.
- Eine Studie an 39 jugendlichen magersüchtigen Mädchen ergab, dass 36 von ihnen keine sehr enge Beziehung zu ihrem Vater hatten.
- Forscher der John Hopkins-Universität stellten fest, dass Mädchen im Teenageralter, die in vaterlosen Familien leben, in 60 % der Fälle eher dazu neigen, voreheliche Beziehungen einzugehen als Mädchen aus vollständigen Elternhäusern.[2]
- Dr. Armand Nicoli stellte fest, dass in Familien, in denen der Vater häufig unterwegs ist oder sich nicht um die Kinder kümmert, wenn er zu Hause ist, Folgendes auffällig ist:
  1. wenig Bereitschaft, sich anzustrengen
  2. Unfähigkeit, auf etwas zu warten und die damit verbundene Spannung auszuhalten
  3. wenig Selbstachtung
  4. Tendenz, sich von Gleichaltrigen unter Druck setzen zu lassen; Neigung zu Jugendkriminalität.[3]

Auf Grund meiner Kontakte zu Hunderten von Eltern und Kindern kann ich diese Ergebnisse nur bestätigen. Neuere Forschungen im christlichen Bereich kommen zu den gleichen Erkenntnissen. Vor einiger Zeit ließ ich eine Umfrage unter 3.800 christlichen Jugendlichen durchführen. Auch in diesen Ergebnissen wurde die enorme Bedeutung der Vaterbeziehung deutlich: 82 % gaben an, dass sie regelmäßig den Gottesdienst besuchen, 86 % sagten, dass sie eine persönliche Beziehung zu Jesus Christus haben. Dennoch sagten 54 % dieser Kinder aus christlichen Familien, dass sie selten bis nie mit ihrem Vater über persönliche Schwierigkeiten reden könnten (im Vergleich zu 26 %, die sagten, dass sie selten oder nie mit ihrer Mutter über diese Dinge sprechen). In einem von vier Gesprächen wurde angegeben, dass die Jugendlichen *nie* tiefergehende Unterhaltungen mit ihrem Vater haben. Fast die Hälfte, nämlich 42 %, sagte, dass sie selten oder nie allein mit ihrem Vater etwas Besonderes unternehmen. Einer von fünf Jugendlichen erklärte, dass der Vater selten oder nie zeigt, dass er sie liebt und schätzt.[4]

Dieselbe Studie macht interessante Aussagen über Jugendliche, die ein enges Verhältnis zu ihren Eltern haben:

- sie sind meist zufrieden mit ihrem Leben
- sie halten sich in Bezug auf sexuelle Beziehungen eher zurück
- sie treten eher für biblische Wahrheiten ein
- sie besuchen häufiger den Gottesdienst
- sie lesen regelmäßiger in der Bibel
- sie beten eher.

All diese Tatsachen belegen, wie wichtig eine intakte Vaterbeziehung für die gesunde Entwicklung von Kindern ist. Weil fast immer die Mutter die meiste Zeit mit den Kindern verbringt, hat es den Anschein, als sei sie in erster Linie dafür verantwortlich, den Kindern Liebe, Annahme, Gespräch und Nähe zu bieten. Die Aufgabe des Vaters scheint sich eher auf die Versorgung der Familie zu beschränken. In vielen Familien ist er kaum zu Hause, er mischt sich weniger in Erziehungsangelegenheiten ein und ist nicht so kommunikativ. Damit werden die Zeiten, die die Kinder mit ihrem Vater verbringen, zu etwas ganz Besonderem. Sie bekommen automatisch mehr Gewicht. Wir alle schätzen das am meisten, was wir nicht bekommen können, und viele Kinder sehnen sich nach einer engeren Beziehung zu ihrem Vater. Die gute „Connection" zu Papa ist daher für Kinder von allergrößter Bedeutung, gleichgültig, wie alt die Kinder sind.

Die Beziehung der Väter zu ihren Söhnen und Töchtern ist entscheidend, damit die Kinder innerlich reif werden, Selbstachtung entwickeln und eine gute Beziehung zu Gott und anderen Menschen aufbauen lernen.

Die Mühe lohnt sich!

Obwohl ich selbst für meine Aufgabe als Vater kein adäquates Vorbild hatte, durfte ich im Lauf der Zeit viele gute Vorbilder und Mentoren kennen lernen. An erster Stelle steht meine Frau Dottie, die beste Ehefrau der Welt. Sie ist für unsere vier Kinder eine kluge und liebevolle Mutter. Auch von Dick Day habe ich viel gelernt. Er ist – abgesehen von meinem Sohn Sean – der beste Freund, den ich je hatte. Erwähnen muss ich auch meinen Freund Norm Wakefield, mit dem gemeinsam ich mehrere Bücher herausgegeben habe. Auch er ist für mich ein wahres Vorbild für einen guten christlichen Vater.

Norm und seine Frau Winnie sind Eltern von fünf erwachsenen Kindern. Für Norm war die Hochzeit seines Sohnes Joel einer der bewegendsten Momente seines Lebens. „Er hat mich gebeten, sein Trauzeuge zu sein, obwohl es eine Menge Freunde gab, die diese Aufgabe sehr gern übernommen hätten. Ich musste unwillkürlich an den Unfall denken, den er als Vierjähriger erlitten hatte. Er zog sich dabei eine Kopfverletzung zu, und als ich während der Untersuchung voller Angst und Hilflosigkeit in der Klinik auf dem Flur wartete, wurde mir klar, wie viel mir dieses Kind bedeutete und wie lieb ich Joel hatte. Meine Erleichterung war unbeschreiblich, als seine Verletzung sich als recht harmlos herausstellte. Er würde keine bleibenden Schäden davontragen." In den folgenden zwanzig Jahren gab Norm sein Bestes, um Joel und seinen anderen vier Kindern ein aufmerksamer und liebevoller Vater zu sein, der auf seine Kinder eingeht und sich Zeit für sie nimmt. Für Norm war Joels Hochzeit der Höhepunkt all dieser Anstrengungen und Bemühungen. „Ich stand neben meinem ältesten Sohn, den ich liebte und schätzte, und war außer mir vor Freude. Wie auch seine vier Schwestern wollte er Gott dienen und seiner Frau Lisa ein liebevoller Ehemann werden. Wir hatten unser Bestes gegeben, um für unsere Kinder da zu sein und ihnen alles zu geben, was sie brauchten, und sie sind zu echten Freunden geworden. Ich empfand es als großes Privileg, dass Joel nicht seine Schulfreunde oder Kollegen als Trauzeugen ausgesucht hatte, sondern mich, seinen Vater."

Die Aufgabe als Vater mag oft von Angst und Unsicherheit begleitet sein, aber es ist gleichzeitig die wichtigste und erfüllendste Aufgabe, die ein Mann in seinem Leben gestellt bekommt. Auch Sie können diese Aufgabe erfolgreich bewältigen und trotz aller Mängel und Fehler genau der Vater werden, den Ihr Kind braucht. Ich möchte Ihnen Mut machen, die Ideen und Vorschläge in diesem Buch in die Praxis umzusetzen und entsprechend Ihrer Situation anzuwenden. Ich kann nicht behaupten, dass ich der perfekte Vater bin. Ich hatte eine schlechte Ausgangsposition für diese Aufgabe. Ich habe viele Fehler gemacht und stehe wahrscheinlich denselben Problemen gegenüber wie viele von Ihnen. Aber ich habe viel von anderen gelernt und hoffe, dass ich damit auch Ihnen helfen kann. Mir ist bewusst, dass sich manche Leser bei der Lektüre dieses Buches unbehaglich fühlen werden, weil sie merken, was sie alles versäumt haben. Das ist ganz natürlich. In unser aller Leben gibt es Bereiche, in denen wir uns verbessern müssen. Lassen Sie sich jedoch nicht von Schuldgefühlen erdrücken. Hier drei Schritte, die mir sehr geholfen haben:

Erstens: Betrachten Sie Ihre Aufgabe als Vater als etwas Spannendes. Bleiben Sie möglichst optimistisch. Das ist nicht nur für Ihr Kind wichtig, sondern für Sie selbst eine Möglichkeit, Ihren Horizont seelisch, geistlich und gefühlsmäßig zu erweitern und dabei Gott an sich wirken zu lassen. Vergegenwärtigen Sie sich immer, wie wichtig es ist, Ihre Zeit und Kraft in das Leben Ihrer Kinder zu investieren. Was Sie als Vater bewirken, hat jahrelange Auswirkungen und wird sogar die nachfolgenden Generationen beeinflussen.

Zweitens: Machen Sie sich klar, dass Wachstum eine Reihe von kleinen Schritten ist. Wachstum dauert ein Leben lang. Lassen Sie sich nicht von all dem überwältigen, was Sie *nicht* tun können. Konzentrieren Sie sich auf die kleinen Veränderungen, die Sie sich für diesen Tag oder diese Woche vorgenommen haben (am Ende eines jeden Kapitels finden Sie dazu konkrete Anregungen und Vorschläge). Innerhalb kurzer Zeit werden Sie merken, dass sich die Beziehung zu Ihren Kindern verändert. Vergessen Sie nicht, dass die meisten Eltern nie ganz zufrieden sind mit ihren Anstrengungen, ganz egal, wie viel Mühe sie aufwenden. Treffen Sie also am besten die bewusste Entscheidung, Ihre ganze Energie auf eine positive Veränderung zu richten und sich nicht entmutigen zu lassen.

Drittens: Machen Sie sich bewusst, dass Ihre Aufgabe auch eine Menge Freude und Befriedigung mit sich bringt. Verantwortung zu tragen kann auch etwas sehr Schönes sein; es ist ein Vorrecht, das Gott uns gegeben hat.

Auch Kinder sind ein Geschenk des Herrn; wer sie bekommt, wird damit reich belohnt (Psalm 127,3; Hfa).

Natürlich gibt es Momente, in denen wir auf diese wunderbaren Geschenke am liebsten verzichten würden! Aber wenn wir uns klarmachen, welch große Aufgabe Gott uns damit zutraut, bekommt das Ganze eine andere Bedeutung: Wir helfen mit, die nächste Generation zu formen und heranzubilden, und wir vermitteln Werte, die für die Ewigkeit Bestand haben werden.

Nehmen Sie sich Folgendes fest vor: Egal, welche Schwierigkeiten auf Sie zukommen werden, egal, wie störrisch sich Ihre Kinder verhalten, egal, welchen Weg sie später einschlagen – Sie als Vater wollen Ihre Aufgabe gewissenhaft, treu und liebevoll weiterführen.

In den Kapiteln drei bis zwölf werden *zehn Eigenschaften* beschrieben, die ein guter Vater haben sollte. Mit diesen Eigenschaften sind Sie die Art von Vater, die Sie sein möchten, die Ihr Kind braucht und die Gott von Ihnen erwartet. Sie werden neue Impulse und tiefere Einsichten bekommen, und mit etwas Übung werden Sie an dieser wichtigen Aufgabe mehr und mehr Freude und persönliche Erfüllung finden.

Ein Hinweis für Mütter

Ich vermute, dass auch viele Mütter dieses Buch lesen werden, und das ist wunderbar! Sie werden hier Hilfen für eine erfolgreiche Vaterschaft kennen lernen, aber auch Sie als Mutter spielen für die gesunde Entwicklung Ihrer Kinder eine wichtige Rolle. Ermutigen Sie Ihren Mann, dieses Buch zu lesen und bleiben Sie im Gespräch miteinander. Ich wende mich hier zwar hauptsächlich an die Väter, aber ich möchte betonen, dass es mir fern liegt, die Rolle der Mütter gering zu achten. Ich bin der festen Überzeugung, dass Elternschaft Teamarbeit ist. Leider begegne ich vielen Vätern, die ihre Aufgaben nicht ernst genug nehmen. Sie führen nur ein Schattendasein im Leben ihrer Kinder und überlassen die Hauptarbeit und Mühe ihren Frauen. Ich habe dieses Buch also an uns Väter gerichtet, damit wir unsere Gott-gegebene Rolle besser verstehen lernen und teamfähig werden; fähig, unsere Kinder gemeinsam zu lieben, zu leiten und zu bestätigen.

Wenn Sie eine alleinerziehende Mutter sind, machen Sie sich vielleicht Sorgen darüber, dass die Abwesenheit des Vaters – sei sie nun physisch oder emotional oder beides – negative Auswirkungen für Ihre Kinder haben könnte. Wenn irgend möglich, geben Sie Ihrem Ex-Mann dieses Buch. Es geht um das Wohl Ihrer Kinder, und von daher sollten Sie ihm helfen, der beste Vater zu werden, der er unter den gegebenen Umständen sein kann. Ihre Kinder werden es Ihnen danken. Wenn es in Ihrer Familie keinen Vater mehr gibt oder wenn er seine Aufgabe schlecht erfüllt, schauen Sie sich in Ihrer Gemeinde um. Vielleicht gibt es einen reifen, christlichen Vater, der bereit ist, ab und zu ein wenig Verantwortung mit zu übernehmen. Die betreffende Familie könnte Ihre Kinder zu Ausflügen mitnehmen, oder der Vater könnte sich bemühen, Freundschaft mit einem der Kinder zu schließen, sodass, wenn auch nur zeitweise, die Vaterrolle im Leben der Kinder ausgefüllt ist.

Noch ein Gedanke für Mütter: Sie sind diejenigen, die zum großen Teil dafür verantwortlich sind, durch welche „Brille" Ihre Kinder ihren Vater sehen. Es liegt in Ihrer Hand, den Vater in seinen Bemühungen zu unterstützen oder ihn den Kindern gegenüber als lächerlich und unfähig darzustellen. Helfen Sie ihm, wenn er sich

15

um Veränderung und Besserung bemüht, und ermutigen Sie ihn. Er braucht Ihre Unterstützung. Bauen Sie Brücken zwischen ihm und den Kindern. Reden Sie miteinander über sein positives (oder negatives) Verhalten gegenüber den Kindern. Arbeiten Sie daran, ein Team zu werden.

Anregungen zum Nachdenken und Tun und zum gemeinsamen Gespräch

Am Ende eines jeden Kapitels finden Sie Fragen und Anregungen, die den Inhalt des Kapitels vertiefen. Wenn Sie genug Zeit haben oder wenn Sie dieses Buch in einer Gesprächsgruppe durcharbeiten, empfehle ich Ihnen dringend, die Fragen gründlich durchzugehen. Sollte aber Ihre Zeit sehr knapp sein, so sind die wesentlichen Fragen kursiv gesetzt. Arbeiten Sie in diesem Buch mit einem Stift und unterstreichen Sie, was Ihnen wichtig geworden ist. Möglicherweise gibt es in Ihrem Umfeld andere Väter, die mit Ihnen zusammen dieses Buch durcharbeiten wollen.

1. Beschäftigen Sie sich zu Hause mit den Kindern oder sind Sie in Gedanken noch im Büro oder bei anderen Dingen?

2. Gibt es Bereiche, in denen Sie als Vater Ihre Aufgaben versäumt haben? Haben Sie bestimmte Aufgaben, die Sie eigentlich selbst wahrnehmen sollten, an die Lehrer, den Jugendleiter oder Ihre Frau „delegiert"?

3. Haben Sie die statistischen Angaben über Jugendliche in diesem Kapitel überrascht? Warum oder warum nicht?

4. Was würden Ihre Kinder sagen, von wem sie hauptsächlich Informationen über die Wahrheit und moralische Werte beziehen?

5. Erleben Ihre Kinder die enge persönliche Beziehung zu Ihnen als Vater als einen wichtigen Bestandteil für ihre gesunde Entwicklung? Warum oder warum nicht?

6. *Am wichtigsten wurde mir in diesem Kapitel Folgendes:*

7. *Folgendes sollte ich demnächst meinem Kind gegenüber ändern:*

Falls Sie nicht genug Zeit zur Verfügung haben, dann arbeiten Sie nur die kursiv gesetzten durch.

Kapitel 2

Die Papa-Connection

 Auch wenn Sie keine ausschließlich positive Beziehung zu Ihrem Vater hatten, so hat doch jeder Mann eine ungefähre Vorstellung davon, wie er sich als Vater verhalten sollte. Jeder hat ein mehr oder weniger verschwommenes Bild davon, welche Eigenschaften der ideale Vater haben sollte.

- Ein guter Vater ist ein Vater, bei dem die Kinder sich geliebt und angenommen fühlen. Er strahlt Vertrauen aus, sodass sich die Kinder bei ihm geborgen fühlen.
- Seine Kinder warten mit Sex bis zur Ehe und sind ihren Partnern absolut treu.
- Seine Kinder haben einen tadellosen Ruf und sind als aufrichtige Menschen mit soliden ethischen Grundsätzen bekannt.
- Seine Kinder können von ihrem Vater sagen: „Er hält seine Versprechen" (zumindest meistens).
- Seine Kinder können dem Druck ihrer Altersgenossen einigermaßen standhalten und sind in der Lage, Freundschaften zu schließen, die sie weiterbringen. Sie werden in ihrer Clique akzeptiert.
- Seine Kinder halten sich von Drogen und Alkohol fern und lassen die Finger von gefährlichen Unternehmungen.
- Seine Tochter schreibt solch einem Vater vielleicht mal einen Brief, in dem steht: „Danke, dass du für mich da bist, wenn ich dich brauche." Oder sein Sohn möchte so einen Vater bei seiner Hochzeit unbedingt als Trauzeugen haben.
- Sein Sohn kann sich immer an ihn wenden und sagen: „Papa, ich komme in dieser Sache hier nicht weiter und brauche deinen Rat."
- Seine Kinder sind in der Lage, Sünden und Fehler zuzugeben, sie haben Geduld mit anderen und verfügen über ein gesundes Selbstvertrauen.

- Ein solcher Vater kann vielleicht einmal hören, wie seine Tochter zu ihrer Freundin sagt: „Mein zukünftiger Mann sollte dieselben Eigenschaften haben wie mein Vater."

Als junger Mann wollte ich genau solch ein Vater werden. *Aber ich wusste nicht, wie ich das erreichen sollte.* Ich hatte erlebt, dass mein eigener Vater keine einzige dieser Anforderungen erfüllte. Ich hatte Angst, dass ich in vielem eher so handeln würde wie er. Mir war klar, dass ich ein Vorbild brauchte, ein Vater-Leitbild, von dem ich abschauen und dann das Gelernte in die Praxis umsetzen konnte. Ich schaute mich in meiner Umgebung nach guten Vätern um und fand tatsächlich mehrere Vorbilder.

Auf der Suche nach Vorbildern

Eines meiner ersten und positivsten Leitbilder in Bezug auf die Vaterschaft war Dick Day, den ich schon erwähnt habe. Ich lernte ihn in den Sechzigerjahren während unseres gemeinsamen Theologiestudiums kennen. Er ist einige Jahre älter als ich. Damals war er bereits verheiratet und hatte vier Kinder. Auch sein Vater war Alkoholiker gewesen, und er war wie ich in einem zerrütteten Elternhaus aufgewachsen. Mit Ende zwanzig fand Dick zum lebendigen Glauben an Jesus Christus und studierte daraufhin Theologie, um später einen vollzeitlichen christlichen Dienst zu übernehmen. Wir lernten uns bei der Anmeldung zu den Vorlesungen kennen, und es hat sofort zwischen uns „gefunkt". Wir schlossen ziemlich schnell Freundschaft, und ich wurde so etwas wie ein weiteres Familienmitglied der Familie Day. Das bedeutete natürlich auch Besuche zu den unmöglichsten Tages- und Nachtzeiten, zum Beispiel morgens um halb sieben oder abends nach elf Uhr, weil ich etwas sehr Wichtiges mit Dick besprechen musste. Dick war dabei immer geduldig, freundlich und liebevoll – Eigenschaften, die ich in meiner Kindheit und Jugend kaum erlebt hatte.

Ich war sofort davon beeindruckt, wie Dick und Charlotte mit ihren Kindern und miteinander umgingen. Sie hatten eine enge Beziehung zu jedem ihrer Kinder. Es war erstaunlich für mich, zu erleben, dass sich offensichtlich alle mochten und gern Zeit miteinander verbrachten. Sie lächelten sich an, hatten Spaß miteinander und umarmten sich häufig. Man könnte sagen, ich habe nur gelernt, Leute zu umarmen, weil ich ständig bei den Days war. Dick war für mich die Art Vater, die ich selber werden wollte, wenn es mal so weit war. Hier war ein Vorbild, von dem ich lernen konnte. Als Dick und ich später hauptamtliche Mitarbeiter bei Campus für Christus wurden, trennten sich unsere Wege für einige Zeit. Ich begann, an vielen Universitäten der Vereinigten Staaten Vorträge zu halten, und dabei lernte ich Dottie kennen. Am Anfang unserer Beziehung war ich erstaunt und überrascht, dass sie immer wieder ihre Familie erwähnte und davon sprach, wie viel ihr ihre Eltern und ihre beiden Geschwister bedeuteten. Einige Monate später, während der Weihnachtsferien, lernte ich ihre Familie kennen. Wenn ich an diese erste gemeinsame Zeit zurückdenke, kann ich kaum noch sagen, wer mich mehr beeindruckte: Dottie oder ihr Vater! Ich begann zu verstehen, warum sie ihn so bewunderte. Er war eigentlich ziemlich konservativ und keine auffallende Persönlichkeit, sondern eher nüchtern und ein bisschen streng.

Aber mir war schnell klar, warum Dottie ihn liebte. Von Anfang an erlebte ich durch ihn, was es heißt, ein liebevoller Ehemann und Vater zu sein. Seine Kinder haben ihn geachtet und geliebt und konnten ihm absolut vertrauen. Die Kinder waren so gut erzogen, dass die Eltern jetzt, wo die Kinder erwachsen waren, ihre Freude an ihnen hatten und gern mit ihnen zusammen waren.

Auf Jahre hinaus füllten diese beiden Männer die Lücke eines geeigneten Vorbildes für die Vaterrolle bei mir aus. Sie lebten mir die Eigenschaften eines Vaters vor, nach denen ich mich mein Leben lang gesehnt hatte. Genau so wollte ich möglichst auch handeln, sobald ich eine eigene Familie hatte. Ich habe durch ihr Beispiel unsagbar viel gelernt, aber Jahre später begegnete mir ein weiteres Vorbild, das ihres noch übertraf.

Der Beispiel-Vater

Norm Wakefield ist ein anderer Freund, den ich bereits im ersten Kapitel erwähnt habe. Ihm verdanke ich wichtige Einsichten über meine Aufgabe als Vater, und das zu einer Zeit, als ich ziemliche Probleme damit hatte. Obwohl seine Kindheit und Jugend ganz anders verlaufen waren als meine, suchten wir beide nach einem guten Vorbild für unsere Aufgaben als Väter. Norm sagt dazu Folgendes:

„Erst als ich schon über vierzig war, gelang es mir, zu meinem Vater eine herzliche Beziehung aufzubauen. Er hatte in seinem Beruf sehr viel Druck auszuhalten und musste gegen Entmutigung ankämpfen. Es war für ihn schwierig, sich an seinen Kindern zu freuen, und wir wussten auch nicht, wie wir ihm begegnen sollten. Mit zwölf Jahren vertraute ich Jesus als Erster in unserer Familie mein Leben an. Aber während ich nach und nach Gott als meinen himmlischen Vater kennen lernte, nahm er immer mehr die Eigenschaften meines weltlichen Vaters an. Mein Vater war eigentlich nie zufrieden mit mir. So ähnlich empfand ich auch Gott gegenüber. Ich hörte ihn förmlich sagen: ‚Norm, wann wird endlich was aus dir? Wie lange soll ich mir das noch ansehen? Entweder du reißt dich jetzt endlich zusammen, oder es passiert was!‘ Sie können sich sicher vorstellen, welche Auswirkung diese Denkweise auf das Selbstwertgefühl eines Teenagers hat. Meine Erfahrung der Liebe Gottes zu mir war vermischt und getrübt durch die Einstellung meines Vaters mir gegenüber. Es geschieht häufig, dass Gott in unserer Vorstellung den Charakter unseres eigenen Vaters annimmt. Ist der Vater liebevoll und interessiert, erleben wir Gott ebenso. Ist der Vater aber abweisend und ständig ‚mit Wichtigerem beschäftigt‘, halten wir Gott ebenfalls für unnahbar und für uninteressiert an uns als Person. Dieses falsche Gottesbild trug ich lange mit mir herum. Erst als ich schon über vierzig war, traten Umstände ein, die meine Beziehung zu Gott von Grund auf veränderten. Ich erkannte, wie sehr er mich wirklich liebt, dass er Interesse an mir hat, und dass er sich um mich kümmert. Bezeichnenderweise änderte sich von da an auch meine Beziehung zu meinem Vater, und wir waren uns so nah wie noch nie zuvor. Als ich in dieser Zeit die Persönlichkeit Gottes neu kennen lernte, las ich oft in den Psalmen. Jedes Mal, wenn der Begriff ‚Herr‘

auftauchte, machte ich mir Notizen. Mit der Zeit merkte ich, dass fast an jeder dieser Stellen Gott direkt oder indirekt als unser himmlischer Vater beschrieben wurde. In kurzer Zeit hatte ich mehrere Seiten mit diesen Eigenschaften Gottes beschrieben. Daraus entstand das Bild einer Person, die die meisten von uns als den idealen Vater bezeichnen würden. Daraus schloss ich, dass hier die Art Vater beschrieben wurde, die Gott sich für die Väter auf Erden vorstellt. Ich hatte sozusagen die ‚Theologie der Vaterschaft' entdeckt, und Gott war dabei das Vorbild."

Gott ist das Grundmodell

Auf meiner Suche nach vorbildlichen Vätern hatte ich drei der besten gefunden. Aber Norm hatte mich darauf aufmerksam gemacht, dass ich bisher das *Original* übersehen hatte. Gott selbst ist das beste Beispiel für erfolgreiche Vaterschaft! Das Bild, das ich von den idealen Eigenschaften eines Vaters hatte, entsprach genau dem, was die Bibel uns über Gott als Vater berichtet. Gott ist die Quelle alles Guten (Jakobus 1,17). Er ist „der Vater, der alles geschaffen hat" (1. Korinther 6b). Er gab dem ersten Menschen seinen Lebensatem, und Adam wurde der erste ‚Sohn Gottes'. Von da an waren alle Menschen ein Abbild des Schöpfers. „Ist er nicht euer Vater? Hat er euch nicht geschaffen? Ja, er ist euer Schöpfer, euer Leben kommt aus seiner Hand" (5. Mose 32,6; Hfa). Vom ersten Tag an hat Gott nicht nur diese Vater-Kind-Beziehung gewollt, er hat auch beschrieben, wie eine gesunde Vaterschaft aussehen sollte. Er ist ein zärtlicher Vater, der uns auffordert, ihn „Papa" zu nennen. In Römer 8,15 und Galater 4,6 bedeutet das aramäische Wort „Abba" so viel wie „Vati" oder „Papa". Er ist ein Vater, der zuhört und der uns auffordert, uns an ihn zu wenden als unseren „Vater im Himmel" (Matthäus 6,9). Er ist ein liebevoller Vater, der in aller Deutlichkeit bei der Taufe seines Sohnes Jesus sagt: „Dies ist mein geliebter Sohn, an dem ich Freude habe! Ihn habe ich erwählt" (Matthäus 3,17; Hfa). Er ist ein großzügiger Vater, der seinen Kindern Gutes tut (Matthäus 7,11). Er ist der Vater aller Väter (Epheser 4,6), der Ursprung von allem, was gut ist, was moralisch wertvoll ist und was wir an die nächste Generation weitergeben sollten.

Deshalb kann sich jeder, der als Vater Erfolg haben möchte, Gott zum Vorbild nehmen. Die Eigenschaften, die ich mir bei meinem Vater gewünscht habe und nicht fand, sind Eigenschaften Gottes. Was ich an Dick Day und Dotties Vater so anziehend fand, war Gottes Gegenwart, seine Vaterliebe, die in ihrem Leben sichtbar wurde. Was ich so gern meinen eigenen Kindern als ihr Vater vorleben wollte, waren die Wesensmerkmale meines himmlischen Vaters. Diese Erkenntnis hat mich verändert und mir neue Kraft gegeben. Ich kam mir durch das schlechte Vorbild meines eigenen Vaters nicht länger benachteiligt vor. Ich musste nicht länger andere Väter kopieren, obwohl ich natürlich weiterhin von ihnen lernen wollte. Ich musste nicht länger darum kämpfen, endlich ein klares Bild von meiner Aufgabe als Vater zu bekommen. Alles, was ich nötig hatte, habe ich in Gott als dem väterlichen Vorbild gefunden.

Kraftquelle für Väter

So sehr mich diese Erkenntnis auch verändert hat, es gab noch eine Menge zu lernen. Ich stehe immer noch in dem spannenden Prozess, so viel wie möglich über Gottes Eigenschaften als Vater zu erfahren. Dabei bin ich mir ständig seiner Nähe bewusst und lerne ihn besser kennen; gleichzeitig bekomme ich einen tieferen Einblick in das, was meine Kinder von mir brauchen. Je enger das Band zwischen mir und Gott wird, umso besser erkenne ich, was im Zusammensein mit jedem einzelnen Kind nötig und wichtig ist. Eine Grundlage für diese Beziehung, die sowohl zu Gott als auch zu meinen Kindern besteht, ist die Erkenntnis, dass Gott nicht nur das beste Vorbild für diese Aufgabe ist, er ist auch die *Kraftquelle*, die nötig ist, um ein idealer Vater zu werden. Diese Vaterbeziehung ist nicht nur die Imitation eines bestimmten Verhaltens. Es bedeutet Vater sein auf der gleichen Ebene wie Gott, mit seiner Hilfe. Es geht nicht um die Frage: Wie?, sondern: *Wer?* Es geht nicht um eine neue Liste mit Regeln: „Wie werde ich ein besserer Vater?" Darüber gibt es schon viel Literatur. Bei dieser Papa-Connection geht es um eine Beziehung, die nicht nur uns selbst verändert, sondern auch unsere Kinder, unser Familienleben und unsere Zukunft.

Ich habe festgestellt, dass meine enge oder lose Beziehung zu meinen vier Kindern Auswirkungen hat auf deren Fähigkeit, z. B. Gruppendruck standzuhalten oder selbstständig Entscheidungen zu treffen. Sie scheinen nicht nur *bereiter* zu sein, sich mit den Familienregeln und mit uns positiv auseinanderzusetzen, sondern sie scheinen auch *fähiger* dazu zu sein. Das Selbstvertrauen und die Sicherheit, die sie aus einer harmonischen Beziehung zu ihren Eltern gewinnen, helfen ihnen offenbar, negativen Einflüssen zu widerstehen. Etwas Ähnliches geschieht auf einer tieferen Ebene auch in meiner eigenen Beziehung zu Gott dem Vater. Wenn ich darauf achte, ihm nahe zu bleiben, ist nicht nur mein *Wunsch* stärker, meine Aufgaben als Vater ernst zu nehmen, es ist auch so, dass ich durch die Kraft seines Geistes *fähiger* dazu werde. Damit wird Gott nicht nur zum Vorbild für mich als Vater, sondern auch zur Kraftquelle, um nach diesem Vorbild zu leben. Meine Übertragung von Psalm 28,7 lautet: „Er hat mir neue Kraft (als Vater) geschenkt und mich beschützt. Ich habe ihm vertraut, und er hat mir geholfen."

Die Verbindung herstellen

Ein Freund erzählte mir eine Geschichte, die ihm passierte, als er während seiner Schulzeit einen Ferienjob als Moderator hatte. Es war seine Aufgabe, während der Sommermonate ein vierstündiges Radioprogramm zu senden, das in einem Radius von etwa 15 bis 20 Kilometern ausgestrahlt wurde. Er musste morgens um 7 Uhr 30 das Sendegerät anstellen, denn erst nach einer halben Stunde war das Gerät voll funktionsfähig. Das Musikprogramm wurde dann von der nächsten Funkstation aus in den Äther übertragen. An diesem besagten Morgen war mein Freund ganz besonders gut in Form. Er fand die Auswahl seiner Titel sehr gelungen, die Übergänge von einem zum anderen Hit klappten hervorragend, und ihm fielen laufend witzige Kommentare als Überleitungen ein. Er fand sich selbst so klasse, dass er anfing, übermütig zu werden. Das änderte sich, als er die Liste zur Hand nahm, mit der zwischendurch die Funktion der Geräte geprüft werden musste: Der Sender gab nämlich keinen Ton von sich! Er klopfte auf die verschiedenen Teile und arbeitete sich durch eine

Menge Kabel bis zur Stromquelle durch. Plötzlich machte er eine Entdeckung: Der Hauptstecker baumelte lose an der Wand! Auf unerklärliche Weise hatte sich das Ding aus der Steckdose gelöst. Und das war schon den ganzen Morgen so gewesen! Der einzige Zuhörer der besten Musiktitel und Gedankenblitze, die er je gehabt hatte, war er selber gewesen. Das Gerät war nicht an die Kraftquelle angeschlossen gewesen; der Stecker war nicht eingesteckt.

Die folgenden Kapitel befassen sich mit zehn Eigenschaften Gottes als Vater. Er ist unsere unverzichtbare Kraftquelle. Es wird beschrieben, wie er mit seinen Kindern umgeht, und Ihre Aufgaben als Vater werden erläutert. Jedes Kapitel will nicht nur diese Eigenschaften ausführlich erklären, sondern Ihnen auch deutlich machen, wie Sie sie mit der Kraft Gottes selbst lernen können, um sie zum Segen für sich und Ihre Kinder anzuwenden. Ich bin davon überzeugt, dass der Einsatz an Zeit und Kraft, der dazu nötig ist, die Mühe wert ist. Sie werden Ihren Kindern vermitteln können, was für ein wunderbarer Vater Gott ist, und Ihre Kinder werden einen Vater erleben, den sie lieben und achten können. Das wiederum hat zur Folge, dass Sie an Ihren Kindern Freude haben und stolz auf sie sein können.

Anregungen zum Nachdenken und Tun und zum gemeinsamen Gespräch

Nehmen Sie sich etwas Zeit und denken Sie mal darüber nach, wie Sie als Vater sein wollen. Dann beenden Sie die folgenden Sätze mit allen Eigenschaften, die Sie von sich als einem guten Vater erwarten. Setzen Sie die Liste so lange fort, bis Sie alle Eigenschaften beisammenhaben, die Sie sich als Vater wünschen.

1. Ich möchte ein Vater sein, der . . .

2. *Welche Väter in Ihrem Umfeld sind für Sie Vorbilder? Schreiben Sie ihre Namen und alles auf, was Ihnen an diesen Männern vorbildlich erscheint.*

3. *Wie könnten Sie Ihre Beziehung zu Ihrem himmlischen Vater verbessern? Kreuzen Sie an, was für Sie zutrifft.*
   - ☐ Anfangen, regelmäßig in der Bibel zu lesen und zu beten.
   - ☐ Die Gewohnheit wieder aufnehmen, in der Bibel zu lesen und zu beten.
   - ☐ Nicht nachlassen in der Gewohnheit, in der Bibel zu lesen und zu beten.
   - ☐ Sich regelmäßig mit anderen treffen, die an Jesus Christus glauben, um sich gegenseitig zu ermutigen.
   - ☐ Mitglied in einem Hauskreis oder einer Gebetsgruppe werden.

4. Versuchen Sie, zwei oder drei Väter zu finden, die dasselbe Anliegen haben wie Sie, und gründen Sie eine Gesprächsgruppe. Arbeiten Sie die Fragen in diesem Buch gemeinsam durch und beten Sie als Väter füreinander.

Kapitel 3

Bedingungslose Liebe und Annahme

Vor einigen Jahren sprach ich auf einer Studentenversammlung in Arizona. Aus organisatorischen Gründen musste ich in einer einzigen Veranstaltung vor allen Studenten reden, was nur auf einer großen Rasenfläche des Unigeländes möglich war. Etwa tausend Studenten hatten sich auf der Wiese niedergelassen. Um besser gehört zu werden, stellte ich mich auf einen riesigen Stein. Gerade als ich anfangen wollte, tauchte eine farbenprächtige Gruppe von Punks auf und machte es sich ungefähr fünf Meter entfernt von mir bequem. Ihre Haare leuchteten in fluoreszierenden Farben und sie hatten meterweise Ketten an ihrer Kleidung befestigt. Einige Lehrer und manche der Studenten behielten sie wachsam im Auge. Scheinbar befürchteten sie von dieser Gruppe Störungen meines Vortrages. Aber nichts geschah. Sie hörten friedlich zu.

Nachdem ich geendet hatte und von meinem Felsen heruntergeklettert war, kam einer der Punks mit großen Schritten auf mich zu. Er blieb ziemlich dicht vor mir stehen, und ich spürte förmlich, wie das Publikum die Luft anhielt. Was man aber von hinten nicht sehen konnte, waren die Tränen, die über sein Gesicht liefen, und kaum jemand hörte seine Bitte, ihn zu umarmen. Ein allgemeines Gemurmel begann, als ich das tat. Ich nahm ihn in die Arme, und er weinte an meiner Schulter. Das dauerte ungefähr eine Minute – eine ziemlich lange Umarmung für einen Punk, fand ich. Endlich ließ er mich los und sagte leise: „Mein Vater hat mich nie umarmt, und dass er mich liebt, habe ich von ihm auch nie zu hören bekommen." Diesem jungen Mann hat Vaterliebe gefehlt. Annahme hat er nie erlebt. Seine abenteuerliche Aufmachung und sein herausforderndes Benehmen waren ein einziger Schrei nach Aufmerksamkeit, die er auf andere Weise nie bekommen hatte – erst recht nicht von seinem Vater.

Die Grundbedürfnisse eines Kindes

Solche Geschichten höre ich immer und immer wieder. Es ist erschütternd, den Schmerz in jungen Menschen zu erleben, die zu Hause fast ausschließlich emotionale Kühle und Ablehnung erfahren haben. Oft sind es vor allem die Väter, die zu beschäftigt oder zu unfähig sind, ihren Kindern gefühlsmäßig nahe zu kommen und ihnen gegenüber ihre Liebe – soweit vorhanden – auch auszusprechen. Im Rahmen eines großen Musik-Festivals in Virginia sprach ich vor mehreren tausend Teenagern. An einem Morgen ging es um das Thema, mit Sex bis zur Ehe zu warten. Ich erklärte ihnen, dass sie nie vergessen sollten, wie unglaublich wertvoll jeder von ihnen ist und dass jeder Mensch ein ganz besonderes Original ist. Jemand, der sie wirklich liebt, würde diesen Wert auch erkennen und wäre bereit, mit Sex bis zur Ehe zu warten.

Später am Morgen merkte ich, dass ein etwa zwölfjähriges Mädchen immer in meiner Nähe blieb. Ich fragte sie, ob sie vielleicht mit mir reden möchte. Sie antwortete schüchtern: „Glauben Sie tatsächlich, dass ich etwas Besonderes bin?" „Aber sicher", antwortete ich ihr. „Vergiss niemals, dass Gott dich einzigartig findet. Jemand wie dich gab es noch nie." Ich umarmte sie vorsichtig, und da brach sie in Tränen aus. „Sie können sich nicht vorstellen, wie lange ich so was schon vermisse", sagte sie. „Meine Eltern sind seit fünf Jahren geschieden. Mein Vater hat mich nie in den Arm genommen oder mir gesagt, dass ich ihm wichtig bin." Als ich fünf Tage später auf dem Weg zum Flughafen war, reichte mir einer der Helfer einen mehrfach gefalteten Zettel, den ein kleines, blondes Mädchen für mich abgegeben hatte. Nur fünf Worte standen darauf: *Danke für Ihre Zuneigung, Karen.*

Dieses Mädchen hatte eine riesengroße Sehnsucht nach Annahme und Liebe, die ihr eigentlich ihr Vater hätte vermitteln sollen. Ich kann nicht mehr zählen, wie oft ich schon ähnliche Erlebnisse hatte. Karens Erlebnisse sind leider nichts Ungewöhnliches. Zahllose Jugendliche haben mir berichtet:

„Mein Vater äußert nie Zuneigung."

„Dass ich einen Vater hatte, merkte ich immer nur dann, wenn ich einen Fehler gemacht hatte."

Ich habe gehört, wie Väter eines ihrer Kinder „Schwachkopf" oder „Blödmann" oder Schlimmeres nannten. Ich habe Väter erlebt, die im Beisein anderer ihre Kinder verspotteten und lächerlich machten, wenn sie zum Beispiel bei einer Sportveranstaltung nicht so abschnitten, wie der ehrgeizige Vater es sich wünschte.

Wenn ich bei Leuten eingeladen bin, erlebe ich häufig, dass der Vater während des gesamten Essens kein einziges Wort an seine Kinder richtet, geschweige denn, sie ins Gespräch einbezieht.

Ich kenne Väter, die kaum Zeit mit ihren Töchtern verbringen, aber genug Zeit haben, sie wegen ihrer Kleidung oder ihrer Freunde zu kritisieren. Ich habe Väter (und Mütter) beobachtet, die in Hörweite der Kinder ungeniert über die Fehler und Unzulänglichkeiten ihrer Kinder herzogen.

Ich erlebe immer wieder, welches Ausmaß an emotionaler Verletzung solche Eltern bei ihren Kindern verursachen. In jeder Altersstufe haben Kinder ein dringendes Bedürfnis nach Anerkennung und persönlicher Wertschätzung. Gott hat es so eingerichtet, dass hauptsächlich Vater und Mutter für dieses gesunde Verlangen zuständig sind. Wenn beide Eltern hier unzulänglich sind, versuchen die Kinder, diesen Hunger anderweitig zu stillen, und zwar meistens durch jemanden oder etwas, was eine Menge Schaden anrichten kann. Oft kommt es zu körperlichen und/oder emotionalen Fehlentwicklungen, die womöglich irreversibel sind. Ein Vater, der nicht mit Worten und Taten seine Zuneigung ausdrückt, ist nicht etwa ein neutraler Vater, sondern ein negativer Einfluss.

Liebe und immer wieder Liebe

Vielen Menschen, denen ich begegne, ist nicht klar, dass Gott sie schon geliebt hat, bevor sie eine Beziehung zu ihm hatten. Als wir noch wie Feinde entfernt von ihm lebten, hat er uns schon geliebt und ist für uns gestorben (Epheser 5,8 und Römer 5,8). Gott hat uns zuerst geliebt (1. Johannes 4,19). Er erwartet nicht von uns, dass wir uns „endlich mal zusammenreißen". Wir müssen nicht zuerst seine hochgesteckten Erwartungen erfüllen, damit er „stolz auf uns sein kann". Seine Liebe stellt keine Bedingungen. Gott zeigt seine Liebe zu uns. Er hat keine Probleme damit, uns seine große Liebe zu zeigen. Er hat auch nicht etwa „Wichtigeres zu tun". Er liebt uns so sehr, dass jeder Mensch für ihn etwas ganz Besonderes ist (Römer 8,32). Er zeigte seine Liebe durch seinen Tod am Kreuz. Seine Liebe wurde durch sein Blut bestätigt. Der Vater liebt uns nicht nur von Anfang an und an erster Stelle, er liebt uns auch bis in alle Ewigkeit (Jeremia 31,3). Seine Liebe zu uns ist beständig, vollkommen und bedingungslos. Wir können sie uns nicht verdienen. Wir können nicht vor ihr davonlaufen. Wir können sie nicht auslöschen. Gott, unser Vater, ist vielleicht enttäuscht, wenn wir ungehorsam sind, oder er ist traurig, wenn wir uns durch Sünde von ihm trennen, aber nie, nie, nie wird seine Liebe zu uns aufhören. Seine Liebe zu uns ist derart, dass „. . . weder Tod noch Leben, weder Engel noch Mächte noch Gewalten, weder Gegenwärtiges noch Zukünftiges, weder Hohes noch Tiefes noch eine andere Kreatur uns scheiden kann von der Liebe Gottes, die in Christus Jesus ist, unserm Herrn" (Römer 8,38–39; L).

Diese Art Vater möchte ich werden! Ich möchte, dass meine Kinder wissen, dass ich sie lieb habe und annehme. Sie sollen wissen, dass ich sie schon geliebt habe, ehe sie darauf reagieren konnten. Meine Liebe war schon da, als ich ihnen meine Liebe nur dadurch zeigen konnte, dass ich ihnen das Fläschchen gab und ihre Windeln wechselte. Sie sollen wissen, dass meine Liebe zu ihnen mit keiner Bedingung verbunden ist, nicht damit, was sie tun oder nicht tun, sondern, wer sie sind. Meine Liebe zu unseren Kindern steht an erster Stelle. Sie sind wichtiger als meine Arbeit und meine Hobbys. Sie sind wichtiger als meine Freunde oder als mein „guter Ruf" in der Gemeinde. Sie bleiben immer etwas Besonderes für mich. Außerdem sollen meine Kinder wissen, dass meine Liebe zu ihnen nie aufhören wird, gleichgültig, was auch passiert. Sie müssen meine Liebe nicht verdienen, sie können ihr nicht entkommen, und sie ist nicht auszulöschen. Diese Art Vater möchte ich sein. Aber so ein Vater wird man natürlich nicht automatisch. Ich jedenfalls nicht. Ich musste es lernen.

Eine Atmosphäre der Liebe und Annahme schaffen

Ein Vater hat fast nichts Wichtigeres zu lernen, als seinem Kind unter allen Umständen Liebe und Annahme zu vermitteln. Ein Kind wird verunsichert, wenn es das zu Hause nicht erlebt. Ein unsicheres Kind kann es schwer ertragen, offen und verletzlich zu sein. Es wird nicht wagen, unbefangen über die Erlebnisse in der Schule zu reden. Als Folge davon werden die Eltern später nichts über „fragwürdige" Unternehmungen ihrer Kinder erfahren. Je mehr sie es schaffen, bedingungslose Annahme zu vermitteln, umso mehr werden ihre Kinder die Freiheit und Offenheit behalten, ihnen ihre Gedanken mitzuteilen und auch über Bedenken und Schwierigkeiten zu sprechen.

Wie ich schon sagte, ist das natürlich nicht so einfach. Um ehrlich zu sein: Nur Gott kann uns total annehmen. Da wir selbst Sünder sind, hat unsere Fähigkeit, die Kinder völlig und immer zu akzeptieren, ihre Grenzen. Aber in der Kraft des Heiligen Geistes können wir Eigenschaften entwickeln, von denen wir gar nicht wussten, dass wir sie überhaupt haben. Doch wie bringen wir die ständige Bereitschaft rüber, (fast) alles zu lieben und zu akzeptieren? Schließlich macht Gott das genauso mit uns. Der Anfang ist auf jeden Fall ernsthaftes und aufrichtiges Gebet und Vertrauen auf Gottes Wegweisung. Wenn wir in enger Verbindung zu ihm bleiben, haben wir einen besseren Blick für die Bedürfnisse unserer Kinder. Wir schaffen es dann eher, beharrlich an den sieben Voraussetzungen zu arbeiten, die für diesen Bereich der völligen Liebe und Annahme nötig sind.

Zuneigung vermitteln

Eine der effektivsten und grundlegendsten Möglichkeiten, einem Kind Annahme zu zeigen, ist der zärtliche Umgang der Familienmitglieder miteinander. Die Bedeutung einer kurzen Umarmung, eines Kusses oder einiger freundlicher Worte oder Blicke ist nicht zu unterschätzen.

In seinem Buch „The Total Man" (deutsch: „Der totale Mann") beschreibt Dan Benson Eindrücke aus seiner Kindheit: „Ich werde nie die vielen Umarmungen vergessen, die meist in unserer Küche stattfanden. Oft fand ich meine Eltern eng umschlungen dort vor, und das fand ich sehr gemütlich. Ich wollte dabei sein. Also sprintete ich quer durch die Küche und umklammerte ihre Beine. Höher kam ich zu der Zeit noch nicht. Vater und Mutter hatten natürlich nichts Eiligeres zu tun, als mich dazwischen zu nehmen. War eines der anderen Geschwister in der Nähe, kam er oder sie auch dazu, und die Umarmung wurde immer umfangreicher. Meine Eltern schafften es, eine liebevolle Atmosphäre zu verbreiten, weniger durch ihr Reden als durch ihr Tun. Wir fühlten uns sicher, weil unser Vater Verantwortung für uns übernahm."[1]

Bedingungslose Liebe und Annahme lassen sich natürlich nicht unbedingt durch solche Aktionen vermitteln. Es gibt Eltern, die viel umarmen und küssen, und die Annahme ist trotzdem nicht erkennbar. Dennoch sollten Väter bedenken, dass sie mit dieser Art Zuwendung eine Menge ausdrücken können.

Jedes Kind ist einzigartig

Gott hat tatsächlich jeden von uns als Original geschaffen. Bedenken Sie, dass niemand der fünf Milliarden Menschen auf der Welt Ihnen gleicht. Und niemand ist so wie Ihr Sohn oder Ihre Tochter.

Dotties Vater, den ich schon erwähnte, hatte eine einfache Methode, mit der er jedem Kind seine Einmaligkeit deutlich zeigte. Zu Dottie sagte er etwa: „Du bist mein liebstes, ältestes Mädchen", und zu ihrer Schwester: „Du bist mein liebstes, kleinstes Mädchen." Ihr Bruder bekam zu hören: „Du bist mein Lieblingssohn." Das klingt manchem vielleicht zu simpel, aber es funktioniert! Dieser Vater hatte einen Weg gefunden, um seinen Kindern ihre Besonderheit deutlich zu machen.

Es ist eine Katastrophe, wenn ein Vater zu seinem Kind sagt: „Warum kannst du nicht so sein wie dein Bruder?" oder: „Deine Schwester hatte nie Probleme in Mathe!"

Es wäre für alle viel besser, wenn wir uns an den unterschiedlichen Talenten und Möglichkeiten der einzelnen Geschwister freuen könnten, statt sie gegeneinander auszuspielen. Wenn Sie anfangen,

Ihre Kinder genauer zu beobachten, werden Sie viele bemerkenswerte Eigenschaften an jedem Einzelnen entdecken: ein ansteckendes Lachen, Kontaktfreude, eine mitfühlende Seele, eine gute Stimme, musikalisches Talent, Ausdauer bei Hobbys. Es gibt viel zu bemerken und zu loben – und es auch auszusprechen –, wenn man(n) sich die Mühe macht, es zu entdecken!

Stärkung des Selbstwertgefühls

Jeder Mensch sollte Gewissheit darüber bekommen, dass er wertvoll ist. Väter können beim Aufbau eines guten Selbstwertgefühls Entscheidendes bewirken. Das Wichtigste dabei ist der Zeitfaktor. Mit jemandem Zeit zu verbringen heißt, ihn zu schätzen und ernst zu nehmen. Ich sage oft, dass Kinder das Wort „Liebe" anders buchstabieren als Erwachsene, nämlich: Z-e-i-t. Für mich ist das eine besonders schwierige Angelegenheit, denn ich verbringe fünfzig Prozent meiner Zeit nicht an meinem Heimatort. Aber ich bemühe mich sehr um Ausgleich. Die Kinder begleiten mich auf meinen Reisen sooft wie möglich. Ich rufe jeden Tag zu Hause an. Wenn ich zu Hause bin, verbringen wir unsere Mahlzeiten möglichst gemeinsam oder allein mit einem bestimmten Kind.

Eines Sonntags hielt ich eine Predigt vor einer Football-Mannschaft. Sie besuchten kurze Zeit vor ihrem Spiel gemeinsam einen Gottesdienst. Auch mein Sohn Sean war dabei, und wir gingen später zusammen in das große Stadion, um uns das Spiel anzusehen. Man hatte uns Plätze ganz nahe am Spielfeld reserviert. Auf den Rängen tummelten sich etwa 50.000 Zuschauer und der Lärm war ohrenbetäubend. Ich legte meinen Arm um Sean und sagte zu ihm: „Schau dir nur all die vielen Menschen an!" Er drehte sich um und war ebenso beeindruckt von dieser Menge wie ich, besonders von den steil aufragenden Rängen im Hintergrund. In der Vorstellung eines Zehnjährigen war da so gut wie die halbe Welt versammelt. „Das ist ja irre, Papa", sagte er, „so eine Masse Menschen." „Nicht wahr?", antwortete ich. „Aber weißt du was? Du bist mir wichtiger als alle diese Leute zusammen. Was du von mir hältst, hat für mich mehr Bedeutung als das, was all diese Leute hier denken." Sean machte große Augen und sah sich noch mal genau um. „Bist du sicher, Papa? Mehr als alle diese Leute hier?", fragte er mit kindlicher Begeisterung. Dann sprang er auf meinen Schoß, und ich glaube, in dem Moment fühlte er sich völlig angenommen und bestätigt.

Das Bewusstsein der Zugehörigkeit fördern

Wenn Ihre Kinder sich bei Ihnen nicht geborgen und angenommen fühlen, werden sie sich andere Orte suchen, wo sie das eher erleben können. Einige, wie z. B. der Punk, den ich in Phönix traf, suchen und finden Bestätigung in Gruppen von Gleichaltrigen, zum Teil zum Entsetzen der Eltern. Manche suchen in Jugendbanden Geborgenheit. Wieder andere hoffen, dass sie sich Anerkennung durch ständig wechselnde sexuelle Beziehungen schaffen können. Sue, eine Schülerin der elften Klasse, erklärte ihre Bereitwilligkeit, sich in solche flüchtigen Beziehungen einzulassen, folgendermaßen: „Ich fühle mich so allein. Meine Eltern sind zu beschäftigt, um etwas mit mir zu unternehmen. Es fing mit Ted an. Ich war begeistert von ihm, weil er mir zuhörte. Er nahm mich in den Arm und tröstete mich. Er schien sich wirklich um mich zu kümmern."

Meine Freunde Dick und Charlotte Day, die ich früher schon erwähnte, haben ein Waisenkind aus Korea adoptiert. Sein Name ist Timm. Er dauerte natürlich einige Zeit, bis er sich an das Leben in Amerika und die hiesige Kultur gewöhnt hatte. Als er noch in dieser Eingewöhnungsphase war, fragte Dick ihn eines Tages. „Timmy, würdest du gern zurück nach Korea?" „Bloß nicht!", antwortete Timmy. „Und warum nicht?", fragte Dick weiter. „Hier bei euch bin ich jemand ganz Besonderes", war seine Antwort.

Dieses Zugehörigkeitsgefühl sollten auch Ihre Kinder entwickeln. Sie sollten sich bewusst sein, dass sie ein unverzichtbarer Teil Ihrer Familie sind. Diese emotionale Zuflucht brauchen sie, um den allgegenwärtigen Gruppendruck Gleichaltriger und die Ängste, Unsicherheiten und Zweifel in den Teenagerjahren durchzustehen. Wenn Sie beständige Annahme und Liebe vermitteln, haben die Jugendlichen einen Maßstab, an dem sie sich messen können.

Selbstwert wichtiger nehmen als Verhalten

Als Sean zwölf Jahre alt war, spielte er Baseball in der Jugendmannschaft. Eine Woche vor Beginn der neuen Spielsaison hatte ich eine Idee, wie ich ihm und seiner Mannschaft Wertschätzung vermitteln könnte. Ich kaufte zwölf Gutscheine für einen Riesen-Eisbecher und überreichte sie dem Trainer. „Die sind für Ihre Mannschaft", erklärte ich ihm. „Oh, vielen Dank", freute sich der Trainer. „Ich wünschte, es gäbe noch mehr Väter, die so viel Interesse an unserer Mannschaft zeigen. Die Gutscheine löse ich mit den Jungs ein, sobald sie das erste Mal gewonnen haben." „Das hätte ich gern anders", entgegnete ich schnell. „Ich möchte, dass Sie mit ihnen Eis essen gehen, wenn sie das erste Mal verloren haben!" Er sah mich etwas seltsam an. Mir war klar, dass das, was ich von ihm verlangte, nicht in seine Vorstellungen über Gewinnen, Verlieren und Belohnung passte. Ich erklärte ihm, was ich mir gedacht hatte: „Meine Kinder sollen wissen, dass für mich der Versuch und die Anstrengung genauso wichtig sind wie der Erfolg. Sie sind als Ebenbilder Gottes geschaffen. Mein Sohn ist in Gottes Augen und in meinen sehr wertvoll, und er soll seine Selbstachtung behalten, egal, ob er gewinnt oder verliert. Das gilt hier beim Baseball genauso wie in anderen Bereichen seines Lebens. Auch wenn er in seiner gesamten Laufbahn nicht ein einziges Tor landet, ändert das absolut nichts an meiner Liebe und Zuneigung für ihn." Seans Trainer sah mich eine Zeit lang schweigend an und murmelte dann nur: „Na, das ist eine Haltung!" Aber er hielt Wort. Nachdem die Mannschaft das erste Mal verloren hatte, gingen sie zusammen in die Eisdiele und lösten ihre Gutscheine ein. Sean hat sich danach mindestens noch fünfmal bei mir bedankt. Im Laufe der nächsten zwei Wochen kamen noch drei andere Kinder der Mannschaft auf mich zu. Besonders an Jesse erinnere ich mich: „Vielen Dank für das Eis, Herr McDowell. Das war super! Es spielt für Sie anscheinend keine Rolle, ob wir gewinnen oder verlieren. Wir bedeuten Ihnen trotzdem was." Genau das wollte ich mit der Aktion erreichen. Ich wollte Sean und den anderen deutlich machen, dass Liebe und Achtung nicht von guten Leistungen abhängig sein sollen. Wir sind Gottes Ebenbilder und von bleibendem Wert.

Kompetenzen und Fähigkeiten entwickeln

Nach und nach sollten Kinder altersgerechte Fähigkeiten entwickeln und einüben, die ihnen Anerkennung und Selbstwert geben. Alle Kinder wollen gern selbst eine Sache richtig machen und lieben es, Dinge auszuprobieren. Wir Eltern sollten diesen Drang unterstützen und ihnen gratulieren, wenn sie erfolgreich sind. Dummerweise gibt es mehrere Gründe, die verhindern, dass ein Kind etwas ausprobiert und dabei erfolgreich ist. Erwachsene haben nämlich die Angewohnheit, Kinder nach den Maßstäben der Erwachsenen zu beurteilen. Wir können nicht erwarten, dass Kinder Ergebnisse liefern wie ein Erwachsener. Meine Tochter kann das Auto nicht so gut waschen wie ich. Als mein Sohn noch kleiner war, konnte ich nicht erwarten, dass er sein Bett so ordentlich machen kann wie ich. Ich muss mir ihre altersgemäßen Grenzen immer wieder bewusst machen. Wir können außerdem nicht erwarten, dass unsere Kinder etwas ohne Übung und Anleitung können. Stellen Sie sich vor, wie viele Abläufe nötig sind, um das Bett ordentlich zu machen, das Auto zu waschen oder den Rasen zu mähen! Viele Eltern verteilen Pflichten und Aufgaben an die Kinder, ohne sie üben zu lassen oder ihnen genau zu erklären, was sie eigentlich erwarten. „Du bist jetzt alt genug, um dein Zimmer selbst in Ordnung zu halten. Mach das jetzt, aber ordentlich!" Selbst wenn wir genügend Erklärungen geben, müssen wir Raum lassen für Fehler. Wenn Kinder Fehler machen, brauchen sie Ermutigung, damit sie nicht aufgeben, sondern es noch mal versuchen. Vielleicht brauchen sie anfangs auch unsere Hilfe dabei. Erkennen Sie an, was schon fertig geworden ist, aber machen Sie nicht aus dem Lob doch noch einen Tadel, zum Beispiel so: „Der Anfang war ja schon ganz gut, aber wie konntest du *das hier* übersehen?"

Es gibt auch eine Menge Einflüsse außerhalb der Familie, die das Selbstwertgefühl unserer Kinder mitbestimmen. Das Konkurrenzdenken untereinander wird immer stärker. Wir sind ständig umgeben von Leuten, die alles ein ganz klein wenig (oder viel) besser können als wir selbst. Jeder hat Lebensbereiche, in denen eine Veränderung oder Verbesserung dringend nötig wäre. Wer sich gerade in diesen Bereichen ständig mit denen vergleicht, die hier Stärken haben, findet bald fast nichts Positives mehr an sich selbst. Es ist eine schwierige Langzeit-Aufgabe, unseren Kindern das Gefühl und die Sicherheit für ihren persönlichen Wert zu vermitteln. Dazu sind Zeit und gründliche Planung nötig. Wir selbst sind immer wieder die Vorbilder für ihre Entwicklung, ob wir es wollen oder nicht. Nicht die ständige Erwähnung ihrer Fehler und Schwächen sollte im Mittelpunkt stehen, sondern Anerkennung und positive Verstärkung, wenn sie etwas selbstständig bewältigt haben. Wir müssen ihnen helfen, ein halbwegs klares Bild von ihren Möglichkeiten und Fähigkeiten zu bekommen. Sie sollten in der Lage sein, Niederlagen zu verarbeiten, ohne sich selber zu verdammen und mutlos zu werden. Jeder Vater hat die einmalige Gelegenheit, in seinen Kindern eine Sicht für ihren Wert, ihre Einmaligkeit und für ihre Stärken und Schwächen zu entwickeln.

Diese Kinder werden dann weniger dazu tendieren, sich zu früh in sexuelle Beziehungen einzulassen oder Liebe und Anerkennung in Beziehungen zu suchen, die ihnen eher schaden. Sie werden es nicht so nötig haben, sich negativ gegen die Eltern abzugrenzen, und sie haben dem Druck Gleichaltriger mehr entgegenzusetzen. Sie haben bessere Aussichten auf Erfolg im Leben, weil sie einen positiven Start hatten. Das alles sind natürlich die Hoffnungen jedes Vaters. Aber so eine Entwicklung geschieht nicht aus Zufall und nicht allein auf Grund menschlicher Anstrengung. Sie geschieht, wenn wir in enger Verbindung mit unserem Vater im Himmel bleiben und in der Kraft des Heiligen Geistes daran arbeiten, die gleiche Art von Vater zu werden, die wir in seinem Vorbild erkennen.

Anregungen zum Nachdenken und Tun und zum gemeinsamen Gespräch

1. Der Autor erwähnt nach der Geschichte der zwölfjährigen Karen negative oder zerstörerische Bemerkungen, die Väter ihren Kindern gegenüber manchmal machen. Lesen Sie diese Auflistung auf Seite 31 noch einmal durch. Stellen Sie ähnliche Reaktionen bei sich selbst fest? Nehmen Sie sich etwas Zeit, um darüber nachzudenken, welche Auswirkungen dies möglicherweise auf Ihr Kind hat.

2. Warum sind Ihre Kinder in Gottes Augen etwas ganz Besonderes? Schreiben Sie die Namen Ihrer Kinder auf und setzen Sie hinter jeden Namen fünf Eigenschaften, die Sie an diesem Kind besonders schätzen. Überlegen Sie, wie und wann Sie Ihrem Kind diese Wertschätzung mitteilen können.

3. *Denken Sie an jedes Ihrer Kinder und stellen Sie dabei folgende Fragen: Weiß dieses Kind, dass Sie es lieben und schätzen? Woher wissen Sie, dass es sich Ihrer Liebe sicher sein kann?*

4. *Denken Sie sich für jedes Ihrer Kinder in dieser Woche zwei Dinge aus, mit denen Sie ihnen Ihre Liebe und Annahme zeigen können. Diese Dinge sollten nichts mit irgendeiner Leistung zu tun haben, sondern mit dem, was sie sind. Wann und wo wollen Sie diese Ideen umsetzen?*

Kapitel 4

Reinheit

 Vor einiger Zeit bekam ich den Brief eines christlichen Vaters, der einen meiner Vorträge gehört hatte. Er schrieb, dass er und seine Frau sich immer darum bemüht hätten, aufmerksame Eltern zu sein. Sie seien aktive Gemeindemitglieder und immer stolz auf ihre Kinder gewesen. Jetzt hatten sie etwas über ihre älteste Tochter erfahren, was ihre heile Familienidylle zerbrechen ließ. Der Vater beschrieb seine Tochter, die gerade im Teenageralter war, als ein hübsches Mädchen, das aber trotzdem nicht viel Erfolg bei Jungen hatte, bis sie vor kurzem eine Freundschaft zu einem Jungen aus der Football-Mannschaft der Schule eingegangen war. Es stellte sich heraus, dass die beiden sich auch sehr schnell in eine sexuelle Beziehung eingelassen hatten. Doch das war noch nicht alles. Bald darauf hatte sich die Tochter mit einem anderen Jungen aus dem Team angefreundet, und in kürzester Zeit hatte sie mit allen Mitgliedern der Gruppe geschlafen. „Stellen Sie sich vor", schrieb der gequälte Vater, „meine Tochter wurde herumgereicht wie ein Maskottchen!" So etwas ist der Alptraum jedes Vaters und aller Eltern. Niemand möchte in der Haut dieses Vaters stecken. Niemand möchte, dass sein Kind auf diese Weise und so früh sexuelle Erfahrungen macht. Kein Vater möchte, dass sein Kind in einer späteren Ehe nicht treu ist. Aber wie können wir verhindern, dass solche Alpträume in unserem Leben passieren? Wie können wir dazu beitragen, dass unsere Söhne und Töchter in diesem Bereich vernünftige Entscheidungen treffen? Wohin wenden wir uns?

Fakten über Väter

Väter haben den ersten und wahrscheinlich größten Einfluss auf die Entwicklung ihrer Kinder im Bereich der Sexualität. Forschungsergebnisse zeigen, dass hier vor allem drei Bereiche wichtig sind:

Die Gegenwart des Vaters. Studien belegen, dass mehr als die Hälfte aller Kinder, die zwischen 1970 und 1990 geboren sind, einen Großteil ihrer Kindheit nur mit ihrer Mutter verbracht haben. Eine Volkszählungsstelle fand 1994 heraus, dass 16,3 Millionen Kinder nur mit ihrer Mutter zusammenleben. 40 Prozent von ihnen haben ihren Vater mindestens ein Jahr lang nicht mehr gesehen.[1] Die Anwesenheit oder Abwesenheit des Vaters im Haus ist ein entscheidender Faktor dabei, welche Überzeugungen ein Kind im sexuellen Bereich entwickelt.

Wie im ersten Kapitel bereits erwähnt, sagt eine Studie der John-Hopkins-Universität aus, dass „60 % der Teenager-Mädchen, die in einer vaterlosen Familie aufwachsen, sich in jüngerem Alter auf sexuelle Beziehungen einlassen als Mädchen in kompletten Familien".[2] Natürlich hat der fehlende Vater ebenso auf Jungen seine Auswirkungen. Wenn der Vater fehlt, nehmen sich die Jungen Fernsehhelden zum Vorbild, die ihre Männlichkeit meist durch häufig wechselnde Beziehungen zu Frauen ausleben.[3]

Väterliche Zuwendung. In seinem Buch „Father: the Figure and the Force" (deutsch etwa: Der Vater als Mensch und als Einfluss) hat Christopher Andersen 7.000 Frauen interviewt, die in Oben-ohne-Bars und Striptease-Lokalen arbeiten. Er schreibt: „Die meisten von ihnen geben zu, dass sie wahrscheinlich auf diese Weise die Aufmerksamkeit von Männern suchen, die ihnen in ihrer Kindheit vom Vater vorenthalten wurde."[4] Andersen schließt auf einen Zusammenhang zwischen dem sexuellen Verhalten dieser Frauen und dem Maß der elterlichen Zuwendung, das sie in der Kindheit (nicht) erhalten haben.

Emotionale Nähe zum Vater. Zwei Studien, die 1987 und 1994 auf meine Veranlassung durchgeführt wurden, ergaben, dass sowohl bei männlichen als auch bei weiblichen Teenagern die Bereitschaft zu vorehelichen Beziehungen geringer ist, wenn eine enge gefühlsmäßige Bindung zum Vater besteht. Diese und viele andere Studien lassen vermuten, dass eine stabile Beziehung zum Vater mit ausschlaggebend ist, in welche Richtung sich sexuelle Aktivitäten bei Jugendlichen entwickeln.

Drei Einflussbereiche bestimmen das Denken und Handeln der Jugendlichen sehr stark: der Gruppendruck unter Gleichaltrigen, die Medien und die Prägung im Elternhaus. Wenn die drei oben genannten „Vaterfaktoren" zu schwach sind oder wegfallen, ist der Einfluss der beiden anderen übermächtig und unter Umständen schädlich. Der Vater wird zu einer Randfigur, und das Verhalten in partnerschaftlichen Beziehungen wird stärker von den beiden anderen Bereichen geprägt.

Druck der Clique. Die Meinung der Gleichaltrigen hat auf Teenager einen ungeheuren Einfluss. Bei den Jugendlichen gibt es eine eigene Werteskala in Bezug auf Selbstwert, Sexualität, und „In-Sein". In dem Buch „The Kid-Friendly Dad" (deutsch: Der kinderfreundliche Vater) erzählt der Autor Frank Martin folgende Geschichte: Eine mittlerweile Sechzehnjährige war zu ihm zur Beratung gekommen und hatte im Laufe des Gesprächs von ihrer ersten sexuellen Erfahrung als Dreizehnjährige berichtet:

„Ich konnte es langsam nicht mehr hören, wie die anderen mit ihren Erfahrungen angaben und wollte endlich(!) selbst wissen, wie das ist. Deshalb ging ich bei der nächsten Party auf den Jungen zu, der mir am besten gefiel und fragte ihn, ob wir ‚es' zusammen tun wollten." Die beiden verschwanden in einem der Schlafzimmer und innerhalb weniger Augenblicke war das Mädchen keine Jungfrau mehr. „Es war nicht so, wie ich es mir vorgestellt hatte", sagte das Mädchen zu dem Therapeuten, „aber jetzt wusste ich wenigstens, wie es ist und konnte mitreden."[5]

In vielen Gruppen und Kreisen, in denen sich unsere Jugendlichen bewegen, sei es in der Schule, in Sportgruppen oder auf Partys, ist die Einstellung von Teenies zur Sexualität von diesem Druck enorm mitgeprägt. Bei einer Befragung von tausend Teenagern gaben 76 Prozent zu, sie würden in sexueller Hinsicht „sehr weit" gehen, um beliebt zu sein und mitreden zu können.[6]

Einfluss der Medien

Eine nationale Studie über Teenager kommt zu dem Ergebnis, dass Altersgenossen die stärkste Beeinflussung bei der moralischen Einstellung und beim Verhalten sind. Aber wovon werden *diese* wiederum beeinflusst? Die Mehrheit hat ihr Wissen über Sex und sexuelles Verhalten nicht von den Eltern, aus der Gemeinde oder aus der Schule. Ihr Wissen stammt aus dem ununterbrochenen Input an oberflächlichen und freizügigen Informationen durch Fernsehen, Kinofilme, Musik und Zeitschriften.

1. Fernsehen. Hier haben wir einen der wesentlichsten Faktoren, die das Denken unserer Kinder formen. Denken Sie an folgende Fakten, um sich die Auswirkungen zu verdeutlichen: Schon viele kleine Kinder in den USA verbringen mehr Zeit vor dem Fernsehgerät als ein Schüler im Klassenzimmer. Eine Untersuchung ergab, dass viele Vorschulkinder 20 Stunden pro Woche vor dem Gerät sitzen, Grundschüler 22 Stunden. Schlaf ist die einzige „Beschäftigung", die noch mehr Zeit erfordert. Im Alter von 18 Jahren haben die meisten mehr Zeit vor dem Fernseher verbracht als irgendwo sonst, die Schule inbegriffen. [7]

2. Musik. Wieder ein paar Zahlen: Von der siebten bis zur zwölften Klasse hört ein junger Mensch ca. 10.500 Stunden Rockmusik; bei einer zwölfjährigen Schulzeit sind das gerade mal 500 Stunden mehr, die ein Teenager in der Schule verbringt.[8] Weil viele Jugendliche immer weniger Zeit mit Erwachsenen verbringen, die Vorbildfunktion haben könnten, steigt die Bedeutung ihrer gleichaltrigen Freunde und die Suggestionskraft der Medien.[9]

3. Filme und Videos. Das Verhalten vieler junger Leute gegenüber dem anderen Geschlecht ist von Filmen geprägt, die nichts von der Kehrseite „freier Liebe" oder kurzfristiger sexueller Beziehungen zeigen. Falls ihre Einstellung nicht irgendwann ins rechte Licht gerückt wird, müssen sie unter Umständen einen hohen Preis zahlen. Eine junge Frau sagt in diesem Zusammenhang: „In den Spielfilmen und Seifenopern wird nie über die Verzweiflung und die gebrochenen

Herzen gesprochen, die außereheliche Affären und vorehelicher Sex mit sich bringen. Die Folgen falscher intimer Beziehungen sind sehr ernst. Für mich war es das Schlimmste, was ich je durchmachen musste. Schlimmer als eine lebenswichtige Operation, eine zerbrochene Familie, Krebstests und Bewerbungs-Absagen. Schlimmer als das alles war für mich, die Beziehung zu einem verheirateten Mann zu beenden und darüber hinwegzukommen."[10]

Solche Worte brechen mir fast das Herz und machen mir gleichzeitig Angst. Da wünsche ich mir sehr, dass meine Kinder dem Druck ihrer Freunde und dem Einfluss der Medien etwas entgegenzusetzen haben. Wenn ich so etwas höre, möchte ich nicht eine von drei Einflussmöglichkeiten im Leben meiner Teenager, sondern der Haupteinfluss sein und bleiben. Ich möchte ein Vater sein, dessen Kinder Gottes Sichtweise von Sexualität kennen. Ich möchte mit ihnen offen über Sex reden und ihnen helfen, dem Druck und den Versuchungen, die auf sie zukommen werden, widerstehen zu können. Ich wünsche mir, dass sie in der Lage sein werden, mit Sex bis zur Ehe zu warten. Ich möchte ein Vater sein, dessen Kinder ihren späteren Ehepartnern treu sind.

Das Vorbild für Reinheit

Durch die ganze Bibel hindurch fordert Gott von seinem Volk Reinheit in moralischen Dingen. Gott hat durch sein Gesetz gesprochen, und er hat seinen Willen klargemacht: Sexuelle Unreinheit ist falsch. Damit ist jede sexuelle Beziehung oder Handlung außerhalb der Ehe gemeint.

„Enthaltet Euch . . . von Unzucht."
(Apostelgeschichte 15,29; L)

„Fliehet die Hurerei! . . . wer aber Hurerei treibt, sündigt am eigenen Leibe."
(1. Korinther 6,18; L)

„Auch laßt uns nicht Hurerei treiben . . ."
(1. Korinther 10,8; L)

„Von Unzucht aber und jeder Art Unreinheit oder Habsucht soll bei Euch nicht einmal die Rede sein, wie es sich für die Heiligen gehört."
(Epheser 5,3; L)

„So tötet nun die Glieder, die auf Erden sind, Unzucht, Unreinheit, schändliche Leidenschaft, böse Begierde . . .
(Kolosser 3,5; L)

„Denn das ist der Wille Gottes, eure Heiligung, daß ihr meidet die Unzucht."
(1. Thessalonicher 4,3; L)

Es ist kaum zu übersehen, wie wichtig Reinheit für Gott ist. Er gibt aber nicht nur ein Gebot darüber, es wird auch deutlich, wie wertvoll sie für ihn ist. Gott schätzt Reinheit hoch ein. In vielen Bereichen macht er deutlich, dass ihm Reinheit sehr wichtig ist: Er verlangte, dass pures Gold für den Bau der Stiftshütte verwendet wird. Er wollte reinsten Weihrauch für den Gottesdienst und reine Tiere als Opfergabe. Er verlangt reine Herzen: Matthäus 5,8; reinen Gottesdienst: Jakobus 1,27; reine Beziehungen: 1. Timotheus 5,2. Außerdem macht das Gebot auch eine Eigenschaft Gottes deutlich: Gott der Vater ist selbst die Reinheit. „Und ein jeder, der solche Hoffnung auf ihn hat, der reinigt sich, wie auch jener (Gott) rein ist" (1. Johannes 3,3; L).

Thomas Trevethan beschreibt die Reinheit Gottes in bemerkenswerter Weise: „Und der wahre Gott ist getrennt, weit entfernt von allem Bösen. Seine moralische Vollkommenheit ist absolut. Sein Wesen wird in seinen Geboten deutlich und beschreibt den absoluten Maßstab für moralische Untadeligkeit. Gott ist heilig. Der vollkommene Bezugspunkt für alles, was lebt, und für alles Gute. Er unterscheidet sich von seinen Geschöpfen. Sein innerstes Wesen ist leuchtend weiße Reinheit."[11]

Weil Gott rein ist, wirkt sexuelle Unzucht wie eine Beleidigung für ihn. König David, der mit Bathseba gesündigt hatte, bereute es später und bekannte Gott: „Denn ich erkenne meine Missetat, und meine Sünde ist immer vor mir. An dir allein habe ich gesündigt und übel vor dir getan" (Psalm 51,5–6; L). War es David gleichgültig, dass seine Sünde massive Auswirkungen für andere Menschen hatte, nämlich für Uriah, Bathsebas Mann, und auf das Kind, das Bathseba von David bekam? Nein, er hat damit zugegeben, dass er vor allem gegen den Gesetzgeber gesündigt hatte. Seine Tat war auch deshalb falsch, weil er Gottes Reinheit verletzt hatte. Mit anderen Worten: Gott, der beispielhafte Vater, macht deutlich, dass Reinheit etwas Gutes ist – auch wenn die Medien, modernes Denken und Gruppendruck uns etwas anderes weismachen wollen. Reinheit hat für ihn einen hohen Wert.

Diese Art Vater möchte ich auch sein. Ich möchte meinen Kindern vermitteln, dass Reinheit nicht etwas ist, das ihnen peinlich sein muss oder dessen sie sich schämen müssen. Ich wünsche mir, dass sie fähig werden, den Versuchungen unserer Gesellschaft zu widerstehen und die Faszination zu durchschauen, die oft von schädlichem Verhalten ausgeht. Sie sollen wissen, dass mir Reinheit wichtig ist, und zwar genauso wichtig wie meinem himmlischen Vater. Sie sollten die positiven Folgen der Reinheit erleben, und sie sollten Reinheit in sexuellen Dingen bei mir erleben. Das ist natürlich leichter gesagt als getan. Allein kann ich es nicht schaffen. Ich brauche die Abhängigkeit vom Heiligen Geist und sein Wirken in meinem Leben. Nur dann kann ich manche der folgenden Pläne auch umsetzen.

Für Aufmerksamkeit und Zuneigung sorgen

Ich war einmal Sprecher während einer einwöchigen Konferenz in einer der größten und reichsten evangelikalen Gemeinden in den USA. Ich hatte Einzelgespräche mit zweiundvierzig 16- bis 17-Jährigen. Bei allen war die Hauptfrage: „Josh, weißt du, was ich mit meinem Vater anfangen soll?" Wenn ich fragte, was sie meinten, kamen folgende Antworten: „Er hat nie Zeit für mich." „Er nimmt mich nie mit, wenn er unterwegs ist." „Er spricht nie mit mir." „Er unternimmt nie etwas mit mir." Ich habe alle zweiundvierzig gefragt, ob sie mit ihrem Vater darüber reden könnten. Nur einer sagte: „Ja." Wie so viele Jugendliche heute waren sie ausgehungert nach Aufmerksamkeit und Zuneigung von ihren Vätern. Diese Art „Hungersnot" kann fatale Folgen haben in zweierlei Richtung. Wenn nämlich Eltern, die schon nach Liebe hungern, Kinder großziehen, die auch nicht genug davon bekommen, entsteht ein Kreislauf, der großen Schaden anrichtet. Ihre Kinder brauchen Zeit mit Ihnen. Manchmal hole ich meine Kinder von der Schule ab und wir gehen zum Essen in ein Schnellrestaurant. Ein kurzer Spaziergang in der Nachbarschaft oder die Fahrt zur nächsten Eisdiele sind Möglichkeiten, um Ihr Interesse deutlich zu machen und sie wissen zu lassen: „Du bist mir sehr wichtig."

Mein Freund Norm Wakefield berichtet ein Erlebnis aus der Zeit, als seine Kinder noch klein waren: „An einem Sonntagnachmittag sagte ich zu den Kindern: ‚Wisst ihr was? Heute bekommt jeder von euch ein Geschenk von mir.' Damit hatte ich natürlich ihre volle Aufmerksamkeit. ‚Jeder von euch bekommt eine halbe Stunde, und in dieser Zeit mache ich mit jedem (fast) alles, was er oder sie will.' Die Reaktion war so umwerfend, als hätte jeder tatsächlich ein großes Päckchen ausgepackt. Ich fragte zuerst Amy und sie wollte mit mir spazieren gehen. Also gingen wir Hand in Hand durch die Straßen in unserer Nachbarschaft, und ganz ‚zufällig' führte der Weg auch an der Eisdiele vorbei. Als wir nach Hause kamen, hatte Joel sich überlegt, dass er mit mir im Garten herumtoben und ‚kämpfen' wollte. Das taten wir dann auch. Jill, die gerade so alt war, dass sie demnächst in den Kindergarten kam, sagte: ‚Ich wünsche mir, dass wir auf die Terrasse gehen, und ich sitze dann auf deinem Schoß, und du liest mir etwas vor'. An diesem Nachmittag habe ich erkannt, wie wichtig es ist, sich mit den Kindern Zeit zu lassen und ihnen ungeteilte Aufmerksamkeit zu geben. Es zahlt sich aus, wenn sie erleben, dass wir gern und ohne Zeitdruck mit ihnen zusammen sein wollen."

Ebenso brauchen Kinder in jedem Alter Zuneigung und Zärtlichkeit. Ich bin überzeugt: Da wo Eltern nicht aufhören, auch ihre heranwachsenden Kinder zu umarmen und gelegentlich zärtlich zu ihnen sind, wird eine gute Grundlage gelegt, um sie gegen allzu frühe sexuelle Erfahrungen mit Gleichaltrigen zu schützen. Es gibt in dem Bereich fast kein „Zuviel". Niemand wächst je heraus aus dem Bedürfnis, Nähe und Liebe gezeigt zu bekommen. Es geht nichts über die Wirkung eines kleinen Augenzwinkerns, eines Schulterklopfens oder einer kleinen Notiz, auf der steht: „Ich hab dich lieb."

Offener Umgang mit dem Thema Sex

Auf dem Weg zu einer gesunden Einstellung zu Ihrer eigenen Sexualität sind Sie als Vater ein entscheidender Faktor für Ihre Kinder. Sie sollten alles tun, um gerade bei diesen Themen Offenheit walten zu lassen. Sie und Ihre Frau setzen die Maßstäbe. Wenn Ihre eigene Beziehung innig und liebevoll ist und Ihre Kinder das täglich mitbekommen, wird es unweigerlich abfärben. Von Ihnen lernt Ihr Sohn, was es bedeutet, ein Mann zu sein und wie man Frauen begegnet. Er kann lernen, mit sich selbst im Reinen zu sein, denn Sie sind das beste Beispiel. Ihre Tochter wird in ihrer Selbstachtung gestärkt, wenn sie von Ihnen immer mal wieder hört, wie wertvoll sie ist. Wenn sie älter wird, kann sie Männern, denen sie begegnet, selbstsicherer gegenübertreten. Sie wird ihnen nicht hilflos ausgeliefert sein, weil sie im Bewusstsein *Ihrer* Wertschätzung eigene Überzeugungen durchsetzen kann.

Die Art und Weise, wie Sie über Sexualität in unserem Leben reden, und Ihre Offenheit im Umgang damit sind ein wichtiger Teilbereich in der Beziehung zu Ihren Kindern. Die Bibel hat auch hier etwas Bedeutendes zu dem Thema zu sagen. Im Buch der Sprüche werden Kinder dazu aufgefordert, auf ihre Eltern zu hören, besonders, wenn es um sexuelle Bereiche geht (Kapitel drei bis sieben). Die Eltern werden hier nicht ermahnt oder verpflichtet, mit ihren Kindern über Sex zu reden. Es wird davon ausgegangen, dass sie es von sich aus tun. Können Sie von sich sagen, dass Sie bei diesen wichtigen Fragen offen und selbstverständlich genug mit Ihren Kindern im Gespräch bleiben?

Es gibt einige sehr hilfreiche Bücher, wenn Sie sich nicht sicher sind, wie Sie vorgehen sollen, z. B. „Zwischen 10 und 15" von Eberhard Mühlan (Gerth Medien), „Alles Sex oder was?" von Jürgen Höppner, Hrsg. (Gerth Medien), und „Das erste Mal" von Jürgen Höppner und Michael Hübner, Hrsg. (Gerth Medien).

Da es von so großer Bedeutung ist, dass wir in sexuellen Dingen mit unseren Kindern ganz offen sind, müssen wir Väter uns über eines völlig im Klaren sein: Wenn wir selbst in diesem Bereich unsicher sind und uns unbehaglich mit unserer Sexualität fühlen, teilen wir das nonverbal unseren Kindern mit. Wenn ein Mann in einer

Umgebung groß geworden ist, die Frauen nicht ernst nimmt, wird er seiner Tochter Gefühle und Einstellungen vermitteln, die sie Männern gegenüber unsicher macht. Wenn Ihnen beigebracht wurde, dass man als Mann vor allem stark und schweigsam zu sein hat und sich Frauen gegenüber unsensibel verhält, schaut sich Ihr Sohn diese Einstellung mit Sicherheit von Ihnen ab. Bedenken Sie aber, dass diese zerstörerischen Verhaltensmuster keine Fallen sind, in die Sie unweigerlich tappen müssen. Durch die Kraft des Heiligen Geistes können wir unsere Denk- und Handlungsweisen ändern, sodass wir unseren Kindern ein liebevolles und freundliches Verhaltensbeispiel geben.

Ihre Kinder haben es leichter, göttliche Maßstäbe in ihrem Leben umzusetzen, wenn sie es bei Ihnen erleben. Ein Vater, der seine Frau bestätigt und sich dankbar zeigt, sie als Partnerin zu haben, legt eine wichtige Grundlage für die emotionale Stabilität seiner Kinder. Ein Vater kann sich selbst von den weltlichen Werten über Sex fernhalten durch das, was er tut bzw. nicht tut und somit die Einstellung seiner Kinder in Bezug auf Reinheit prägen. Eine der wirksamsten Methoden, um in diesem Bereich eine gesunde Einstellung zu entwickeln, ist wieder einmal das eigene Beispiel Ihres Umgangs miteinander. Vielen Eltern ist es peinlich und unangenehm, wenn ihre Kinder mitbekommen, dass ihnen Sex Spaß macht. Sie vermitteln ihren Kindern damit den Eindruck, Sex sei auch in der Ehe etwas Verbotenes oder Heimliches, worüber man auf keinen Fall spricht. Wenn es Ihnen aber gelingt, Sexualität als das Geschenk zu vermitteln, das Gott Partnern zu ihrer Freude miteinander gegeben hat, werden Kinder eher in der Lage sein, diese Einstellung für ihr eigenes Leben zu übernehmen. In dem Buch „How to Be a Hero to Your Kids" (deutsch: Wie Sie der Held Ihrer Kinder werden können), das Dick Day und ich zusammen geschrieben haben, steht folgende Geschichte:

Charlotte war als Referentin zu einer Tagung im Wheaton College, einer bekannten Bibelschule, eingeladen. Sie war schon eine Woche unterwegs und sollte mit einem Flug um sechs Uhr abends nach San Diego zurückkommen. Als Dick sich zu Hause fertig machte, um zum etwa neunzig Kilometer entfernten Flughafen zu fahren, meinte er zu seinen beiden Jüngsten, die ungefähr vierzehn und sechzehn waren: „Ihr zwei kommt doch bis morgen sicherlich allein zurecht, oder? Euer Bruder wohnt ja in der Nähe, und ihr könnt ihn anrufen, wenn es nötig ist. Ich möchte Mama abholen und über Nacht mit ihr in San Diego in einem Hotel bleiben." Timmy sah seinen Vater an und grinste breit. Er klopfte ihm zustimmend auf die Schulter und antwortete mit blitzenden Augen: „Aber sicher, Papa. Nur zu. Lasst euch nicht stören!"[12] Für Dicks Sohn war erkennbar, dass Sex in der Beziehung seiner Eltern eine wichtige und positive Rolle spielt. Genauso hat Gott die Ehe gedacht.

Gottes Sichtweise in Bezug auf Reinheit

Als meine Tochter Kelly fünfzehn wurde, tat ich etwas, worauf ich mich schon jahrelang gefreut hatte. Ich ging mehrmals mit ihr aus, und zwar ganz formell. Ich machte mich fein und verließ kurz das Haus, um sie „richtig abzuholen". Ich öffnete die Autotür für sie, und wir gingen in ein schönes Lokal zum Essen. Ich erwies ihr alle Höflichkeiten, die man einer Dame zukommen lässt, und beim Essen unterhielt ich mich mit ihr nur über Dinge, die sie interessierten. Danach schlug ich ihr vor, ins Kino zu gehen oder an einen anderen Ort, den sie aussuchen durfte. Am Ende des Abends erklärte ich ihr, so ungefähr könnte auch eine Verabredung mit einem gleichaltrigen Jungen ablaufen.

Später machte ich dasselbe mit ihren beiden Schwestern, und unser Sohn führte seine Mutter zum Essen aus, nachdem wir zusammen besprochen hatten, wie „Mann" sich bei so einer Gelegenheit zu verhalten hat. Es gibt noch viele andere Möglichkeiten, die Bedeutung von Reinheit in Beziehungen zu vermitteln. Ich habe Tagesereignisse im Fernsehen, Hochzeiten von Freunden, Filminhalte und anderes verwendet, um mit den Kindern über Gottes Sicht in Bezug auf Reinheit zu sprechen. Ich habe auch über Flüche und obszöne Begriffe gesprochen, um deutlich zu machen, wie sehr deren Bedeutung und Benutzung das verzerrt, was Gott sich für seine einmalige Schöpfung gewünscht hat. Von da aus ist es dann einsichtiger, dass Sexualität innerhalb und nicht außerhalb der Ehe ihren Platz hat und dass Reinheit in diesem Zusammenhang einen sehr hohen Wert hat.

Die positiven Folgen eines Lebens in Reinheit

Damit Kinder von sich aus den Wert sexueller Reinheit, die Gott von uns möchte, entwickeln können, ist es am besten, sooft wie möglich auf die positiven Folgen hinzuweisen. Ich benutze jede Gelegenheit, um zu erwähnen, dass Gottes Sichtweise der sicherste Weg zu Freude und Erfüllung in diesem Bereich ist. Unmoralisches Verhalten dagegen ist der sicherste Weg zu Schuldgefühlen, Enttäuschung und innerer Leere. Ich versuche meinen Kindern klarzumachen, dass Gottes Maßstäbe uns Schutz vor ungewollten Schwangerschaften und vor sexuell übertragbaren Krankheiten bieten. Sexuelle Reinheit verhindert Minderwertigkeitsgefühle in diesem Bereich unserer Persönlichkeit und schafft eine Atmosphäre des Vertrauens zwischen den Eheleuten. Reinheit vor und während der Ehe schafft eine einmalige Vertrautheit zwischen zwei Menschen und bewahrt sie vor den vielen negativen Konsequenzen, die unmoralisches Verhalten nach sich zieht: Misstrauen, Stress, Leiden, Schuld, Ängste und vieles mehr.

Anregungen zum Nachdenken und Tun
und zum gemeinsamen Gespräch

1. Welchen Einfluss haben Ihrer Meinung nach die Freunde Ihrer Kinder auf deren Einstellung zu sexuellen Verhaltensweisen? Wie ist es mit dem Einfluss der Medien? Ihr eigener Einfluss?

2. Wiederholen Sie die fünf Möglichkeiten, die eine Haltung der Reinheit in Ihren Kindern entwickeln. Kreuzen Sie dort an, wo Sie sich Ihrer Meinung nach in diesem Themenbereich und in der Beziehung zu Ihren Kindern befinden.

Ich bin aufmerksam und zärtlich meinen Kindern gegenüber

immer	manchmal	nie

Ich kann offen über sexuelle Themen reden

immer	manchmal	nie

Ich bin ein Vorbild für Gottes Maßstäbe in Bezug auf sexuelle Reinheit

immer	manchmal	nie

Ich erkläre meinen Kindern Gottes Vorstellungen von Reinheit

immer	manchmal	nie

Ich spreche über die positiven Folgen der Reinheit und die negativen Konsequenzen von Unmoral

immer	manchmal	nie

3. Wählen Sie zwei Bereiche, in denen Sie sich verbessern wollen, und überlegen Sie, wie das geschehen könnte. Gibt es vielleicht Anregungen aus diesem Kapitel, die Ihnen dabei helfen könnten? Wenn ja, unterstreichen Sie sie und setzen Sie sie so bald wie möglich in die Tat um.

4. *Planen Sie mindestens zwei Verabredungen mit jedem Ihrer Kinder innerhalb der nächsten Wochen. Tun Sie etwas zusammen, das Ihr Kind gern mag, und schenken Sie ihm Ihre volle Aufmerksamkeit. Es soll Spaß machen, und zwar Ihnen beiden!*

Was wollen Sie bei der ersten Verabredung tun?

Wann ist sie geplant?

Was wollen Sie bei der zweiten Verabredung tun?

Wann ist sie geplant?

Kapitel 5

Wahrhaftigkeit

 Als unsere Tochter Kelly in der vierten Klasse war, musste die Lehrerin einmal kurz den Klassenraum verlassen, und sofort nutzten die Schüler die Gelegenheit, um wild herumzutoben. Dabei fiel ein Gegenstand vom Lehrertisch und zerbrach. Die Kinder legten die Scherben wieder auf den Tisch und warteten ab. Als die Lehrerin wieder hereinkam, fragte sie eins der Kinder ganz direkt, wer das getan hatte. Das Mädchen fühlte sich von den anderen unter Druck gesetzt und wollte den Übeltäter nicht verraten. So log es die Lehrerin an. Die Lehrerin wandte sich daraufhin an Kelly, die wahrheitsgemäß antwortete, obwohl sie wusste, dass sie sich damit den Zorn und die Verachtung ihrer Mitschüler aufladen würde. Am nächsten Tag ging ich mit ihr allein zum Frühstücken in unser Lieblingsrestaurant. Ich erklärte ihr, wie stolz ich auf sie war, denn sie hatte trotz des äußeren Drucks und der sicheren Ablehnung ihrer Mitschüler genau das Richtige getan. Immer wieder habe ich erlebt, dass unsere Kinder bereit sind, für aufrichtiges Verhalten auch Nachteile in Kauf zu nehmen, und darüber freue ich mich natürlich, denn diese Charaktereigenschaft findet man leider nicht mehr allzu häufig. Neuere Umfragen und Statistiken zeigen deutlich, dass Spicken, Schummeln und Betrügen bei den Schülern heute weit verbreitet sind. Bei einer Befragung von Oberstufenschülern mit guten bis sehr guten Noten gaben fast 80 Prozent zu, schon mal unehrlich gewesen zu sein, z. B. in einer Klassenarbeit gespickt oder die Hausarbeit eines Mitschülers abgeschrieben zu haben.[1] Eine landesweite Umfrage ergab, dass fast die Hälfte (44 %) der 15- bis 25-Jährigen meinen, dass „Lügen manchmal unumgänglich ist".[2] Kleine und größere Ladendiebstähle gelten in vielen Gruppen als Mutproben und sind in vielen Cliquen angesagt. Es ist keineswegs so, dass sich diese Einstellung

auf verhaltensauffällige Jugendliche beschränkt. Erschreckenderweise sind Jugendliche, die sich zum Glauben bekennen, da keine Ausnahme. Die Befragung von rund 4.000 Jugendlichen in christlichen Gemeinden brachte zu Tage, dass zwei von dreien (66 %) zugaben, in den vergangenen drei Monaten gegenüber Lehrern, Eltern oder anderen älteren Personen gelogen zu haben. 59 % gaben zu, dass sie Gleichaltrigen und Freunden gegenüber die Unwahrheit gesagt hatten; 36 % hatten bei Tests und Klausuren „nachgeholfen" und 15 % hatten kürzlich Geld oder andere Sachen gestohlen.

Diese Ergebnisse machen deutlich, dass viele Jugendliche Unaufrichtigkeit als eine akzeptable und leichte Möglichkeit zum Erreichen ihrer Ziele ansehen. Dadurch versuchen sie, Freunde und Eltern zu beeindrucken und Anerkennung zu bekommen. Sie verstehen oft gar nicht, warum es falsch sein soll, die Unwahrheit zu sagen. Die negativen Konsequenzen sind ihnen nicht klar, und Aufrichtigkeit scheint keine Vorteile zu bringen.

Ich wünsche mir, dass meine Kinder es anders machen. Ich wünsche mir, dass aus ihnen vertrauenswürdige Menschen werden, die Lügen und Betrug nicht nötig haben, um sich durchzusetzen. Ihre CDs sollen sie kaufen und nicht bei der nächstbesten Gelegenheit „mitgehen" lassen. Am Arbeitsplatz sollen sie ehrlich sein. Ihr ganzes Leben sollte von Zuverlässigkeit geprägt sein. Ich wünsche mir, dass sie sich um ihre eigenen Belange kümmern und dass andere durch ihre Wahrhaftigkeit das Wirken Gottes in ihrem Leben erkennen. Damit werden sie gleichzeitig auch die Achtung ihrer Mitmenschen gewinnen.[3] Ich möchte aber auch die Art Vater sein, der ihnen diese Eigenschaften vorlebt. Meine Kinder sollen sich an meiner Ehrlichkeit und Aufrichtigkeit orientieren können.

Das Ebenbild des Vaters

Vor vielen Jahren erschien Gott Mose auf dem Berg Sinai und gab ihm folgende Gebote: „Du sollst nicht stehlen. Du sollst nicht falsch Zeugnis reden wider deinen Nächsten" (2. Mose 20,15–16; L). Im Laufe dieser Offenbarung hat Gott diese Gebote wiederholt und erläutert: „Ihr sollt nicht stehlen, noch lügen, noch betrügerisch handeln einer mit dem andern. Ihr sollt nicht falsch schwören bei meinem Namen und den Namen eures Gottes nicht entheiligen; ich bin der Herr. Du sollst deinen Nächsten nicht bedrücken noch berauben" (3. Mose 19,11–13; L).

Gott wollte seinem Volk unmissverständlich klarmachen, dass Lügen, Betrügen und Stehlen falsch sind. Er legt großen Wert auf Vertrauenswürdigkeit und Aufrichtigkeit. Sie spiegeln *sein* Wesen und *seinen* Charakter wider. Gott schätzt Ehrlichkeit hoch ein: „Lügenmäuler sind dem Herrn ein Greuel; die aber treulich handeln, gefallen ihm" (Sprüche 12,22; L).

An dem besagten Morgen, als ich mit Kelly zum Frühstücken ausging, wollte ich sie nicht nur belohnen, weil sie so standhaft geblieben war und nicht gelogen hatte. „Kelly", fragte ich, „warum ist Lügen eigentlich falsch?" „Weil es so in der Bibel steht", kam es sehr überzeugt zurück. „Aber", bohrte ich weiter, „warum sagt die Bibel, dass es falsch ist?" „Weil Gott es so bestimmt hat", antwortete sie. „Und warum hat Gott es so bestimmt?", hakte ich noch mal nach. Sie sah mich an, als käme ich vom Mond, und meinte schließlich: „Das weiß ich nicht." Ich nahm ihre Hand, um zu erreichen, dass sie meine Antwort nicht vergessen würde, und erklärte: „Weil Gott die Wahrheit ist, Kelly. Sie ist ein Teil seines Wesens. Alles, was nicht Gottes Wesen entspricht, ist Sünde."

Ehrlichkeit ist richtig (und Unehrlichkeit falsch), weil Gott wahrhaftig ist. Wahrheit ist nicht etwas, was Gott tut oder etwas, was er besitzt; sie ist Teil seines Charakters. In der Wüste am Berg Horeb sang Mose: „Vollkommen und gerecht ist alles, was er tut. Er ist ein Fels – auf ihn ist stets Verlaß. Er hält, was er verspricht; er ist gerecht und treu" (5. Mose 32,4; Hfa).

Er ist „der Gott, der nicht lügt" (Titus 1,2). Wenn Gott ein Versprechen gibt, ist es für ihn unmöglich zu lügen (Hebräer 6,18). Er hat ewige, überall gültige Maßstäbe der Wahrheit gegeben, die niemals weichen oder wanken werden. „. . . Gott ist wahrhaftig, und alle Menschen sind Lügner" (Römer 3,4; L). Weil Gott wahrhaftig ist, sind Dinge wie Lüge und Betrug eine Beleidigung für ihn. In ihm ist keine Falschheit. Es entspricht seinem Wesen, dass Ehrlichkeit und Aufrichtigkeit selbstverständlich sind. Lüge, Betrug und Diebstahl sind ihm völlig fremd und daher böse und schlecht.

Ich möchte, dass meine Kinder begreifen: Alles, was von Gott kommt, ist gut; was dagegen nicht von ihm kommt, ist schlecht. Ich als Vater will Gottes Wesen widerspiegeln, und auch meine Kinder sollen durch ihre Aufrichtigkeit und Zuverlässigkeit Gott in ihrem Leben widerspiegeln. Diese Lebensweise gefällt Gott und ehrt ihn, sie macht sein Wesen deutlich, und Gott wird für andere erkennbar durch ihr Verhalten. Wie schon gesagt, wird das alles möglich durch eine enge Vaterbeziehung, die wir pflegen müssen. Ich kann durch Gebet, Gehorsam und die tägliche stille Zeit die Beziehung zu meinem himmlischen Vater lebendig erhalten. Dann kann ich auch die Vaterbeziehung mit meinen Kindern gestalten und ihnen vorleben, wie ein Vater zu sein hat.

Ein Leben in Rechtschaffenheit

Gott hat dem Volk Israel ganz genau gesagt, wie wir unsere Kinder zur Wahrheit anhalten sollen: „Höre, Israel, der Herr ist unser Gott, der Herr allein. Und du sollst den Herrn, deinen Gott, liebhaben von ganzem Herzen, von ganzer Seele und mit aller deiner Kraft. Und diese Worte, die ich dir heute gebiete, sollst du zu Herzen nehmen und sollst sie deinen Kindern einschärfen und davon reden, wenn du in deinem Haus sitzt oder unterwegs bist, wenn du dich niederlegst oder aufstehst" (5. Mose 6,4–8; L).

Gott macht hier klar, dass wir biblische Wahrheiten nur dann glaubwürdig weitergeben können, wenn wir sie in unserem eigenen Haus vorleben. Sein Wort muss *uns* beständig vor Augen sein, bevor wir es wirkungsvoll an die Kinder weitergeben können.

In seinem Buch „Pulling Weeds, Planting Seeds" (deutsch etwa: „Unkraut ausreißen, Samen ausstreuen") spricht Dennis Rainey über seinen Vater: „Als sensibler Junge bekam ich mehr über meinen Vater mit, als ihm bewusst war. Während der ‚gefährlichen' Teenagerjahre war er mein großes Vorbild, das ich brauchte, und er ist es bis heute. Er brachte mir bei, wie wichtig es ist, hart zu arbeiten und eine Aufgabe zu Ende zu bringen. Ich lernte von ihm, zuverlässig zu sein und Wort zu halten. Ich musste nie Angst davor haben, dass sich meine Eltern scheiden lassen würden. Mein Vater war meiner

Mutter absolut treu und sehr liebevoll ihr gegenüber. Ich fühlte mich sicher und geborgen. Am wichtigsten war es, bei ihm zu beobachten, was *Charakter* bedeutet. Er tat das, was recht ist, auch wenn niemand ihm zuschaute. Er hat nie auch nur daran gedacht, bei der Steuererklärung zu schummeln; er hat die Steuern einfach bezahlt und fertig. Seine Rechtschaffenheit war untadelig. Ich habe nie eine Lüge bei ihm erlebt, und man sah ihm an, dass er das Gleiche von seinem Gegenüber erwartete. Sein Einfluss bestärkt mich noch immer und begleitet mein Leben bis heute."[4]

Das möchte ich auch erreichen. Die Kinder sollen in mir das Handeln Gottes erkennen. Wenn ich nicht will, dass meine Kinder stehlen, muss ich falsch herausgegebenes Kleingeld an der Kasse zurückgeben. Wenn ich nicht will, dass mein Sohn betrügt, dann kann ich nicht die Idee eines Kollegen als meine eigene ausgeben, auch wenn es niemandem auffallen würde. Wenn ich nicht will, dass meine Kinder lügen, muss ich in jedem Fall bei der Wahrheit bleiben, auch wenn es unbequem ist oder Nachteile für mich bringt oder ich dabei womöglich als der Dumme dastehe. Das alles sollte Teil meines Wesens sein, ganz egal, ob meine Kinder etwas davon mitbekommen oder nicht. Sie beobachten mich genauer und häufiger, als mir bewusst ist.

Verletzlich und durchschaubar sein

Mein Freund Norm Wakefield erzählte mir, dass sein Sohn Joel einmal in Schwierigkeiten geriet, weil er die Konsequenzen einer falschen Entscheidung zu tragen hatte. Vater und Sohn gingen eines Tages zusammen spazieren, als Joel anfing, seine Sorgen auszupacken. Norm erinnerte sich an eine Situation aus seiner eigenen Jugendzeit, in der er etwas ganz Ähnliches mitgemacht hatte. Er hatte eine falsche Entscheidung getroffen, unter deren Konsequenzen er noch lange zu leiden hatte. Dass er seinem Sohn bei dieser Gelegenheit davon erzählte, half Joel zu begreifen, dass sein Vater ihn verstand, ohne seine Taten zu billigen. Er hatte ihn nicht von oben herab verurteilt, sondern Mitgefühl gezeigt. Norms Offenheit zeigte Joel, dass sein Vater auf seiner Seite stand. Er hatte Vertrauen, und gemeinsam konnten sie über mögliche Auswege aus dieser schwierigen Lage nachdenken.

Wenn wir Aufrichtigkeit in unseren Kindern entwickeln wollen, müssen sie absolute Ehrlichkeit auch bei uns erleben. Die Umfrage unter christlichen Jugendlichen, die ich früher erwähnte, zeigt, dass 37 % (mehr als jeder Dritte) es selten oder nie erleben, dass ihre Eltern zugeben, sich geirrt zu haben oder sich entschuldigen, wenn sie Fehler gemacht haben. Es führt zu nichts, wenn wir auf die Kinder einreden, sie sollten ehrlich bleiben, sie aber dieses Verhalten bei uns nicht erleben. Natürlich ist es nie leicht, Fehler zuzugeben, und auch mir fällt das schwer. Vor kurzem ist unsere Familie von Kalifornien nach Texas umgezogen, und unsere fünfzehnjährige Katie brauchte ziemlich lange, bis sie den Umzug verarbeitet hatte. Eines Tages machte sie beim Abendessen einige Bemerkungen über ihre Anpassungsschwierigkeiten. Ich reagierte ärgerlich und sagte Dinge, die sie sehr verletzten. Sie verschwand später in ihrem Zimmer, und ich legte mich schlafen. Nach etwa fünfzehn Minuten kam Dottie herein und weckte mich. „Du musst dich unbedingt bei Katie entschuldigen. Sie ist sehr getroffen durch das, was du gesagt hast." Ich war so verschlafen (und stolz), dass ich nur antwortete: „Das hat doch Zeit bis morgen, oder?" Dottie blieb hartnäckig: „Nein, hat es nicht. Das musst du heute noch klären." Also stand ich wieder auf, ging zu meiner Tochter und entschuldigte mich. Ich sagte ihr, dass ich lieblos war und dass ich mich anders hätte ausdrücken müssen. Ich glaube, solche Augenblicke der (schmerzlichen) Aufrichtigkeit bringen mehr für eine Beziehung als viele Ratschläge und Ermahnungen. Wenn wir etwas angestellt haben, müssen wir es Gott und unseren Kindern bekennen. Wenn möglich, sollten wir es wieder gutmachen. Kinder erinnern sich an so etwas und respektieren Sie dafür. Vielleicht machen sie es bei Ihnen dann sogar genauso.

Ehrlichkeit vermitteln

Durch meine Vortragsreisen komme ich in den USA ziemlich viel herum. Oft bitte ich junge Leute zu mir auf das Podium und stelle ihnen einige Fragen. Manche Gespräche verlaufen dann so: „Bist du

Christ?" Die meisten antworten mit „Ja". Dann frage ich, ob die Eltern auch Christen sind, und auch das wird von den meisten bejaht. Dann sage ich: „Stell dir vor, du bist in einer sehr unangenehmen Lage, aus der du dich mit einer Lüge schnell befreien könntest. Würdest du lügen?" Ich kann mich nicht mehr daran erinnern, dass jemand antwortete, er oder sie würde nicht lügen. Die meisten würden lügen, und sie geben es freimütig zu – und das vor einer beachtlichen Zuhörerschar. Ich probierte dasselbe Verfahren an einer bekannten theologischen Ausbildungsstätte in Kanada in der Hoffnung auf ein anderes Ergebnis. Aber auch hier war die Antwort des Studenten: „Wahrscheinlich würde ich lügen." (Wenigstens war er ehrlich in Bezug auf seine zu erwartende Unehrlichkeit!) Nach einer solchen aufschlussreichen Antwort frage ich den Betreffenden dann normalerweise: „Haben deine Eltern dir beigebracht, dass es falsch ist zu lügen?" Immer lautete die Anwort: „Ja."

„Wie haben sie dir das denn erklärt?", frage ich weiter. „In der Bibel steht doch: Du sollst nicht lügen." Dann stelle ich die wichtigste Frage in diesem ganzen Gespräch: „Und warum steht wohl in der Bibel, dass wir nicht lügen sollen?" Bis heute habe ich auf diese letzte Frage noch nie eine vernünftige Antwort bekommen. Fällt Ihnen etwas auf? Unsere Kinder kennen zwar das Gebot „Du sollst nicht lügen", aber sie sehen nicht den tieferen Hintergrund dafür und vor allem nicht die Person hinter diesem Gebot. Deshalb bin ich davon überzeugt, dass wir jede Gelegenheit nutzen sollten, um unsere Kinder auf den Hintergrund der Gebote aufmerksam zu machen. Ehrlichkeit und Zuverlässigkeit sind deshalb so wichtige Tugenden, weil sie *Gottes Charakter* entsprechen.

Es gibt viele Anlässe, mit den Kindern darüber zu sprechen, dass die Welt ganz anders aussehen würden, wenn jeder so ehrlich und aufrichtig sein würde wie Gott. Das lässt sich schon erkennen, wenn man sich gemeinsam die Nachrichten anschaut. Die ganze Politik würde anders sein, und die vielen Alarmanlagen in Autos oder Gebäuden wären überflüssig. Erwähnen Sie die Tatsache, dass viele Geschäfte die Preise nur deshalb erhöht haben, um den durch Diebstahl entstehenden „Schwund" auszugleichen. Solche Gespräche vertiefen die Überzeugung, dass Gott ein aufrichtiger Gott ist und wir ihn ehren, wenn wir ebenso handeln.

Aufrichtigkeit und Ehrlichkeit anerkennen

Während der ersten Jahre meines Vaterseins habe ich mich nicht gerade mit Ruhm bekleckert. Ich nahm an, die wichtigste Aufgabe der Eltern besteht darin, ihre Kinder am Sündigen zu hindern. Ich dachte: „Wenn ich meine Kinder nicht ab und zu bestrafe und meine Kinder zu sehr verwöhne, kann das Gott nicht gefallen." Ich habe meine Kinder natürlich nicht misshandelt, aber in diesen ersten Jahren war ich wohl eher das, was die Kinder heute als „eine Zumutung" empfinden würden. Mit einer Bestrafung war ich immer sehr schnell bei der Hand, wenn sie etwas falsch gemacht hatten, aber sie bekamen wenig Anerkennung für ihre Bemühungen, das Richtige zu tun.

Ein Beispiel: Ich saß gerade in meinem Arbeitszimmer bei uns zu Hause und schrieb. Die Gedanken schossen mir nur so durch den Kopf, doch plötzlich kam Dottie herein und sagte: „Josh, Sean hat heute sein Zeugnis bekommen, und das musst du dir unbedingt ansehen. Er hat lauter hervorragende Noten." Ich antwortete dann: „Na, wunderbar. Ich bin hier gerade mitten in der Arbeit. Heute Abend beim Essen werde ich mit ihm darüber reden." Es *kann* sein, dass ich beim Essen daran denke, ihn zu loben, es kann aber auch sein, dass ich es vergesse. Ganz anders hätte ich reagiert, wenn Dottie ins Zimmer gekommen wäre und gesagt hätte: „Sean hat gerade Katie verhauen, weil sie versucht hat, in sein Zimmer zu kommen." Ich wäre aufgesprungen und hätte mich auf der Stelle mit dem Problem beschäftigt. Das Buch wäre dann nicht mehr so wichtig. Bei einer negativen Nachricht reagieren wir meistens *sofort*.

Wenn ich heute mit vielen Jugendlichen in unserem Land spreche, stelle ich fest, dass von zwanzig ungefähr fünfzehn sagen, genauso wäre es auch bei ihnen zu Hause. Sie bringen ihre Eltern schneller dazu, sich um sie zu kümmern, wenn sie etwas falsch machen. Erst als unsere älteste Tochter etwa zehn Jahre alt war, ging mir auf, was ich mit diesem Verhalten anrichtete. Ich las ein Buch mit dem Titel „The One Minute Manager" (deutsch: Der Ein-Minuten-Manager). Der Autor empfiehlt darin den Vorgesetzten, ihre Angestellten zu beobachten, um sie „zu erwischen, wenn sie etwas richtig machen". *Dann* ist der richtige Zeitpunkt, um Lob und Anerkennung auszusprechen und die Angestellten zu ermutigen. Dieser Satz veränderte meine Einstellung total. Er wurde ein neuer Leitsatz für mich als Vater: „Achte darauf, wenn deine Kinder etwas gut machen und sage es ihnen." Wenn Sean den Müll rechtzeitig raustrug, sagte ich ab jetzt: „Toll, dass du daran gedacht hast!" Wenn Kelly ohne Aufforderung sofort an ihre Hausaufgaben ging, sagte ich: „Schön, dass du so fleißig bist." Wenn ich dazukam, wie Katie gerade ihr Spielzeug einräumte, sagte ich: „Es gefällt mir, dass du so ordentlich mit deinen Sachen umgehst." Diese „Technik", das Gute in meinen Kindern zu loben, hat meine Einstellung ihnen gegenüber grundlegend verändert. Mit Sicherheit hat es auch Positives bei ihnen bewirkt. Ich achtete besonders darauf, sie im Bereich der Ehrlichkeit zu bestärken. Das muss nichts Großartiges sein. Es kann sich einfach um solche Dinge handeln wie: Schulden sofort zu begleichen, zuzugeben, dass sie sich nicht um eine Aufgabe gekümmert haben oder freiwillig nachzugeben, auch wenn sie auf ihrem Recht hätten bestehen können. Sie bekamen dann eine Anerkennung von mir oder eine kleine Belohnung, z. B. verlängerte ich ihnen die Zeit zum Ausgehen.

Die positiven Folgen der Ehrlichkeit deutlich machen

Ich nehme jede Gelegenheit wahr, um auf die positiven Auswirkungen einer ehrlichen Haltung hinzuweisen. Ich mache deutlich, dass Gottes Maßstäbe unser Leben erleichtern und alle möglichen unangenehmen Folgen der Unaufrichtigkeit von uns fern halten. Wer Ehrlichkeit ernst nimmt, braucht sich nie mit Schuldgefühlen herumzuplagen. Ein Christ, der „wahrhaftig bleibt", hat saubere Hände und ein reines Herz vor Gott.[5] Wer Aufrichtigkeit zu seinem Lebensstil macht, braucht nie die Peinlichkeit und die Scham zu fürchten, die die Aufdeckung von Lügereien unweigerlich nach sich zieht. Meinen Kindern sollte klar werden, dass das Ergebnis von Täuschungen immer kurzlebig ist und meist eine innere Leere hinterlässt. Wer sich mit eigener Anstrengung etwas erarbeitet hat, kann mit dem Ergebnis zufrieden sein, und der Erfolg bringt länger anhaltende Bestätigung. Es erhöht die Lebensqualität, für Rechtschaffenheit bekannt zu sein. „Ein guter Ruf ist köstlicher als großer Reichtum und anziehendes Wesen besser als Silber und Gold" (Sprüche 22,1; L).

Meine Kinder sollen erleben, dass Ehrlichkeit ihre Freundschaften positiv beeinflusst und festigt. Die Grundvoraussetzung jeder guten Beziehung ist Vertrauen. In einer Atmosphäre des Misstrauens und der Täuschung hat wachsendes Vertrauen keine Chance. Gegenseitiges Vertrauen ist unverzichtbarer Bestandteil jeder geschäftlichen Vereinbarung und jeder Eheschließung. Es bildet eine starke, haltbare Voraussetzung für jede Art Beziehung und macht sie unangreifbarer für negative Einflüsse von außen. Als vertrauenswürdig bekannt zu sein, ist eine Charaktereigenschaft, die mit Geld nicht zu kaufen ist, die man aber mit Gottes Hilfe erlernen kann.

Gottes Sicht von Ehrlichkeit umsetzen

Es genügt nicht, dass unsere Kinder erleben, wie *wir* Gottes Maßstäbe in unserem Leben umsetzen. Wenn sie nicht für sich selbst zutiefst überzeugt davon sind, werden sie anfällig für Kompromisse bleiben. Sie mögen die richtigen Antworten geben, aber mit der falschen inneren Einstellung. Mein Ziel ist es, ihnen dabei zu helfen, ihre *innere Überzeugung* zu entwickeln, mit der sie ein Leben im Glauben führen können. Erst dann wird es ihnen möglich sein, Gott aus eigener Überzeugung gehorsam zu sein und verantwortungsvoll mit sich und anderen umzugehen (siehe Johannes 14,21–24).

Bleibende Werte für sich zu entwickeln ist ein langer Prozess. Er beginnt mit *Information und Wissen*. Ich verbringe viel Zeit damit, mich mit meinen Kindern über Ehrlichkeit und den Vorteil des Ehrlichseins etc. zu unterhalten, wenn ich zu Hause bin. Aber reden allein genügt nicht. Ohne den *praktischen Umgang* mit diesen Wahrheiten können sie sich im Denken nicht verankern. Ich fordere meine Kinder auf, die Tatsachen, über die wir sprechen, im Alltag umzusetzen und zu sehen, ob sich diese Prinzipien bewähren. Hier haben wir als Väter eine wichtige Aufgabe, die wir nicht außer Acht lassen dürfen. Wir können unseren Kindern aufmerksam und interessiert zuhören, mit ihnen reden und sie auffordern, selbst Fragen zu stellen. Achten Sie auf neue Informationen aus dem Tagesgeschehen, die Ihr Gespräch miteinander in Gang halten. Suchen Sie gemeinsam nach neuen Erkenntnissen. Das tun Sie nicht *für* Ihr Kind, sondern *mit* Ihrem Kind und helfen ihm so, seine Überzeugungen auf eine solide Grundlage zu stellen.

Als dritter Schritt folgt die allmähliche *Einbeziehung* dieser Gedanken in den gesamten *Lebensstil* der Kinder. Ich begleite meine Kinder und frage nach, wie sie mit der Umsetzung ihrer Überzeugungen zurechtkommen. Sie sollen gründlich prüfen, was sie über Gott herausgefunden haben, und darüber nachdenken, ob es brauchbar für sie ist. Ich stelle zum Beispiel folgende Fragen: „Welche Auswirkungen hat das auf dein tägliches Verhalten?" „Wird es etwas ändern an der Art, wie du Auto fährst oder wie du dich deinen Lehrern gegenüber verhältst?" Dieses Umsetzen der Erkenntnisse über Gott ist ein lebenslanger Prozess. Die Auseinandersetzung mit eigenen Wertvorstellungen beginnt in der frühen Pubertät. Jüngere Kinder haben nicht die geistige Reife, um sich mit abstrakten Gedankengängen auseinander zu setzen. Wenn aber die Eltern dafür gesorgt haben, dass Kinder in jungen Jahren mit Gottes Geboten positiv vertraut sind, greifen sie in späteren Jahren auf diese Informationen zurück. Sie sind dann mit Hilfe der leitenden Unterstützung der Eltern in der Lage, eigene Wege im Glauben zu entfalten.

Einen sehr wichtigen Gedanken muss ich an dieser Stelle noch hinzufügen: Das Wertesystem unserer Kinder muss nicht die genaue Kopie unserer eigenen Auffassungen sein. Wir wollen ja keine „Klone" produzieren. Jedes Kind ist einmalig und selbstständig. Sie haben zu bestimmten Themen ihre eigenen Vorstellungen, betonen manche Bereiche stärker oder sind schlicht anderer Meinung als wir. Das muss längst nicht heißen, dass sie biblische Überzeugungen gering achten. Wenn ihre Beziehung zu Gott in Ordnung ist und sie nicht massiv gegen seine Gebote verstoßen, sollten sie die Freiheit haben, anderer Meinung zu sein als Sie. Ein Kind kann sich glücklich schätzen, Eltern zu haben, die *seine* Werte achten oder zumindest die Tatsache respektieren, dass es eigene hat. Wenn wir es schaffen, als Väter diese Prinzipien umzusetzen, werden unsere Kinder zu geachteten und vertrauenswürdigen Menschen heranwachsen, die auf den Wegen ihres Vaters im Himmel bleiben.

Anregungen zum Nachdenken und Tun
und zum gemeinsamen Gespräch

1. Wie würden Ihre Kinder die Fragen beantworten, die Josh seiner Tochter Kelly auf ((Seite 57) gestellt hat? Nehmen Sie sich in dieser Woche Zeit, mit jedem Ihrer Kinder darüber zu sprechen. Das Ziel sollte sein, Gott als Ursprung der Wahrheit deutlich zu machen.

2. Wie ist in Ihrem Leben Wahrhaftigkeit für Ihre Kinder erkennbar? Gibt es Bereiche, in denen Sie nicht ehrlich sind oder waren (seien Sie aufrichtig!)? Was sollten Sie verändern? (Genaue Pläne)

3. *Suchen Sie sich einen Vorschlag aus dem Abschnitt „Ehrlichkeit vermitteln" heraus. Im Gespräch mit Ihren Kindern sollte damit der Gedanke vertieft werden, dass Ehrlichkeit eine Grundvoraussetzung für ein Leben mit Gott ist.*

4. *Versuchen Sie bei jedem Ihrer Kinder eine Situation zu entdecken, in der sie ehrlich waren, und belohnen Sie sie dafür eventuell auch mit einer kleinen Aufmerksamkeit, an die sie sich später erinnern.*

5. Beenden Sie diese Sätze:
   Ich musste einmal einen hohen Preis für meine Unaufrichtigkeit zahlen, als ich . . .

   Meine Ehrlichkeit wurde belohnt, als ich . . .

Nutzen Sie das, was Sie hier aufschreiben, ruhig auch einmal als Beispiel im Gespräch mit Ihren Kindern, wenn es um die positiven und negativen Folgen von Aufrichtigkeit geht.

Kapitel 6

Vertrauenswürdigkeit

In dem Film „Hook" von Steven Spielberg gibt es eine Szene, die vielen Kindern recht bekannt vorkommen dürfte, weil sie eigene Erfahrungen mit ihren Vätern spiegeln. Der Film ist eine Neuauflage der Geschichte von *Peter Pan*, die Hauptrolle spielt Robin Williams. Peter Banning ist ein erfolgreicher Geschäftsmann mit vielen Verpflichtungen. Am Abend, bevor die ganze Familie nach England fliegen will, bekommt Peter einen wichtigen Anruf und trifft noch für den nächsten Morgen eine Geschäftsverabredung – ausgerechnet dann, wo das letzte und wichtigste Baseball-Spiel der Saison seines Sohnes Jack stattfindet. Als Jack ihn an sein Versprechen erinnert, sich das Spiel anzuschauen, verspricht Peter: „Natürlich werde ich kommen, mein Sohn. Ich mach's kurz, ganz großes Ehrenwort!" Als die Verabredung am nächsten Morgen doch länger dauert als geplant, schickt Peter einen Angestellten mit einer Videokamera in das Stadion, der das Spiel filmen soll. Der Angestellte kommt gerade in dem Moment, als Jack zum Schlagen an der Reihe ist. Jack sucht mit seinen Augen die Zuschauermenge nach seinem Vater ab, sieht aber nur einen Mann mit einer Kamera neben seiner Mutter sitzen. Mit deutlicher Enttäuschung im Blick dreht er sich um und holt zu seinem großen Schlag aus. Als Peter später mit quietschenden Bremsen das Stadion erreicht, stürmt er auf die Tribüne, doch als er endlich das Spielfeld überblicken kann, ist es bereits leer. Jetzt ist sein Gesichtsausdruck genauso enttäuscht wie vorher der seines Sohnes. Später am Tag sitzt die Familie gemeinsam im Flugzeug, und seine Tochter zeigt Peter ein Bild, das Jack gemalt hat. „Sieh mal, Papa, was Jack Tolles gemalt hat!" Das Bild zeigt ein brennendes Flugzeug, das kurz davor ist, in den Ozean abzustürzen. Daneben sieht man vier Personen durch die Luft fliegen, aber nur drei davon tragen Fallschirme. Peter setzt sich neben seinen Sohn, der einen Baseball in die Höhe wirft und wieder auffängt. „Warum habe ich denn keinen Fallschirm, Jack?", fragt er. „Dreimal darfst du raten", antwortet sein Sohn. Nach einem Moment der Stille sagt Peter: „Jack, in der nächsten Saison werde ich bei sechs Spielen dabei sein." „Dann sorge mal für einen Vorrat an Videokassetten", entgegnet der Junge bitter. „Ich verspreche es dir. Großes Ehrenwort!", beharrt der Vater. „Klar doch. Dein Ehrenwort kenne ich!", antwortet Jack.

Solche Szenen sind so schmerzlich, weil sie leider in vielen Familien häufig vorkommen. Es gibt viele Väter, die ihre Kinder wirklich lieben, aber trotzdem nicht halten, was sie ihnen versprochen haben. Das gibt dann Anlass zu Verbitterung und Enttäuschungen bei den Kindern. Viele Kinder kennen nur allzu gut die freudige Erwartung und die nachfolgende schmerzliche Enttäuschung, wenn Papa (wieder) ein Dutzend gute Gründe nennt, warum es „diesmal nicht klappt", oder er das Unternehmen schlichtweg vergisst. Zu dieser Sorte Vater möchte ich nicht gehören. Ich möchte die Versprechen halten, die ich meinen Kindern gebe. Sie sollen mir glauben können, wenn ich etwas verspreche. Sie sollen ihren Vater als einen Mann erleben, der Wort hält, und der durchführt, was er sich vorgenommen hat.

Der zuverlässige Vater

Gott kann man völlig vertrauen. Er hält seine Versprechen. Das mag wie eine Binsenweisheit klingen, aber es ist die Grundlage für eine positive Sicht Gott gegenüber – auch in Bezug auf Vaterschaft. Gott ist von Natur aus vertrauenswürdig und treu: „Die Güte des Herrn ist's, daß wir nicht gar aus sind, seine Barmherzigkeit hat noch kein Ende, sondern sie ist alle Morgen neu, und deine Treue ist groß" (Klagelieder 3,22–23; L). „Denn Gottes Sohn Jesus Christus . . . ist nicht als Ja und Nein zugleich gekommen; in ihm ist das Ja verwirklicht. Er ist das Ja zu allem, was Gott verheißen hat" (2. Korinther 1,19–20; EÜ). „Ich vertraue darauf, daß er, der bei euch das gute Werk begonnen hat, es auch vollenden wird bis zum Tag Christi Jesu" (Philipper 1,6; EÜ).

Gott erfüllt jedes Versprechen. Die Beziehung, die wir zum Vater haben, ist auf Glauben und Vertrauen gegründet. König David, der sein Leben lang von Feinden umgeben war und gegen sie kämpfen musste, wusste, in wen er sein Vertrauen setzen konnte. „Die einen sind stark durch Wagen", schrieb er, „die anderen durch Rosse, wir aber sind stark im Namen des Herrn, unseres Gottes" (Psalm 20,8; EÜ). David wusste, dass sein Vater zuverlässig und vertrauenswürdig war. Er würde das tun, was er versprochen hat. Wir können es genauso machen. Selbst wenn wir unsere Versprechen nicht halten, ist er weiter für uns mit seiner Liebe da und hält, was er zugesagt hat. „Wenn wir untreu sind, bleibt er doch treu, denn er kann sich selbst nicht verleugnen" (2. Timotheus 2,13; EÜ).

Diese Art Vater möchte ich sein. Ich möchte meine Versprechen halten und hoffe, dass ich das Vertrauen meiner Kinder nicht zu oft enttäusche. Ich möchte, dass meine Kinder zu verlässlichen Menschen heranwachsen, in denen mein guter Einfluss sichtbar wird. Ich weiß, dass ich da eine ganze Menge erwarte. Allein könnte ich das auch nicht leisten. Aber je mehr ich mich auf meinen Vater im Himmel verlasse, um so ähnlicher werde ich ihm mit der Zeit.

Versprechen ernst nehmen

Wir Väter nehmen oft die Versprechen, die wir geben, nicht ernst genug. Wir machen uns nicht klar, dass ein gebrochenes Versprechen verheerende Folgen auf die Beziehung zu unseren Söhnen und Töchtern haben kann. Haben wir uns dagegen an Absprachen gehalten oder sind wir sogar bekannt dafür, verlässlich zu sein, so ist das ein unerschütterliches Fundament für eine gute Beziehung.

In seinem Buch „The Search for Lost Fathering" (deutsch: Auf der Suche nach der verlorenen Vaterschaft) schreibt Dr. James Schaller von einem Mann, der einen ganzen Tag lang mit seinem Sohn zum Fischen war. Der Vater war ein einflussreicher Mann, der im Land etwas bewegte. Er schrieb am Ende dieses Tages in sein Tagebuch die Worte: „Heute war ich mit Thomas zum Angeln. Ein vergeudeter Tag." Auch sein Sohn schrieb an diesem Abend in sein Tagebuch, doch bei ihm lautete der Eintrag: „Ich war heute mit Papa angeln. Es war der schönste Tag meines Lebens!"[1] Dieser Vater hatte offensichtlich nicht die geringste Ahnung, wie viel er seinem Sohn bedeutete, weil er Dinge nicht aus der Perspektive seines Sohnes sehen konnte.

Seit ich mir Mühe gebe, die Dinge mehr mit den Augen meiner Kinder zu betrachten, merke ich auch, was ich mit einem gebrochenen Versprechen anrichte. Damit vermittle ich meinen Kindern unwillkürlich Botschaften wie: „Papa muss sich um andere wichtige Sachen kümmern." Oder: „Vati interessiert nicht, was ich gerade tue." Oder: „Ich bin wahrscheinlich nicht so wichtig." „Ich bin nicht gut genug." Wenn ich mir *diese* Aussagen vor Augen halte, erkenne ich die Bedeutung meiner Versprechen und bin motiviert, sie auch auf jeden Fall einzuhalten.

Versprechen halten, die wir Kindern geben

Es ist relativ leicht zu sagen, wir sollten unsere Versprechen gegenüber unseren Kindern einhalten. Wir alle wollen das, weil wir wissen, wie wichtig das ist. Das Problem ist das Daran-denken und das Durchhalten. Schon vor langer Zeit habe ich erkannt, dass ich meine Selbsteinschätzung hauptsächlich mit Hilfe meiner vielen guten Absichten bewerte; nur wird die Absicht nicht von selbst zur Tat. Jemand hat einmal gesagt: Der Weg zur Hölle ist mit guten Vorsätzen gepflastert. Meine Kinder bilden sich ihre Meinung über mich nicht auf Grund meiner guten Absichten und Versprechungen; sie beurteilen meine Taten und beobachten, ob ich durchziehe, was ich mir vorgenommen oder ihnen versprochen habe. Es beeindruckt sie nicht sonderlich, dass ich *geplant* hatte, mit ihnen zu spielen; *sie wollen mit mir spielen.*

Wir geben unseren Kindern implizite und explizite Versprechen. Beide sind von gleich großer Bedeutung. Je mehr die impliziten Versprechen und guten Vorsätze auch zu sichtbaren Taten werden, umso besser für uns und die Kinder. Implizite Versprechen sind unter anderem das, was sich die meisten Eltern für ihre Kinder vornehmen: sie zu lieben und zu beschützen, für ihre äußeren Bedürfnisse zu sorgen und ihnen zu helfen, sich in der Welt zurechtzufinden. In den meisten Familien ist es Teil des Selbstverständnisses der Eltern, dass diese Ansprüche erfüllt werden. Ich habe mit meinen Kindern über diese impliziten Versprechen gesprochen und versucht, sie ihnen gegenüber auszusprechen und ihnen erklärt, dass ich sie in die Tat umsetzen möchte.[2] Dazu kamen noch weitere Versprechen wie: „Ihr werdet immer Vorrang vor meiner Arbeit haben." Oder: „Ich verspreche, immer gut zuzuhören, wenn einer von euch ein Problem hat und Zeit braucht."

Im Laufe der Jahre habe ich gemerkt, dass meine Kinder mit diesen Absichten bestimmte Erwartungen verbinden. Sie *müssen* nicht mit meinen übereinstimmen, *können* es aber. Wenn ich etwa versprochen habe, sie vor Schaden zu bewahren, heißt das auch, dass ich ihre Fehler und Schwächen nicht vor anderen Erwachsenen ausbreite, auch wenn das womöglich lustig wäre. Das können sie von mir erwarten, und daran halte ich mich auch. Ich erkläre ihnen aber auch, dass ich zwar versprochen habe, für ihre körperlichen Bedürfnisse zu sorgen, das aber nicht heißt, dass sie in jeder Saison nach der neuesten Mode gekleidet sind und immer im Wettstreit um die neuesten Sachen mit ihren Freunden mithalten werden. Ein Vater, der seine Gedanken und Vorsätze erklärt – und hier und da auch mal revidiert –, ist für seine Kinder unschätzbar, denn er ist verlässlich, berechenbar im guten Sinn und vertrauenswürdig.

Versprechen halten, die wir Gott geben

Neben vielem anderen lernen Kinder durch die Beziehung ihres Vaters zu Gott vor allem zwei Dinge: Sie schauen, ob man Gott vertrauen kann und ob sie ihrem Vater vertrauen können. Wenn meine Kinder erleben, dass ich mich hauptsächlich auf mein Bankkonto oder „gute Taten" verlasse, schließen sie daraus, dass man sich auf *Gott* wohl nicht verlassen kann. Wenn sie dagegen mitbekommen, dass ich mich in allen Bereichen meines Lebens auf Gott verlasse und seinen Aussagen glaube, fällt es ihnen leichter, selbst an Gottes Treue zu glauben. Ob sie *mir* vertrauen, hängt auch damit zusammen, wie ernst ich meine Versprechen Gott gegenüber nehme. Wenn ich sie leicht nehme oder vergesse, kann auch schnell ihr Vertrauen in *mich* erschüttert werden. Das will ich natürlich nicht, und Sie als Vater wollen das auch nicht. Meine Kinder sollen erleben, dass ich mit Gottes Hilfe und durch seine Kraft meine Versprechen halte.

„Wie soll ich dem Herrn vergelten all seine Wohltat, die er an mir tut? Ich will meine Gelübde dem Herrn erfüllen vor all seinem Volk" (Psalm 116,12+14; L). Ich möchte tun, was ich Gott *vor seinem Volk* versprochen habe – und dazu gehören auch meine Kinder.

Versprechen halten, die wir anderen geben

Ein Freund erzählte mir eine Begebenheit, die mir wieder einmal deutlich machte, wie wichtig es ist, das zu halten, was ich anderen verspreche. Zu dieser Zeit war sein Sohn Jordan etwa zehn Jahre alt, und zwei seiner besten Freunde wurden gerade mit der Scheidung ihrer Eltern konfrontiert. Eines Abends hatte mein Freund einen lautstarken Streit mit seiner Frau, nachdem Jordan schon im Bett war. Bisher hatten die Eltern darauf geachtet, sich möglichst nicht vor den Kindern zu streiten, aber in diesem Augenblick waren sie sicher, dass die Kinder schon schlafen. Jordan schlief aber nicht. Er saß an der Tür des Schlafzimmers, weil er die Stimmen gehört hatte, und wurde erst bemerkt, als er schon in Tränen aufgelöst war. Die Eltern verstummten sofort. Sein Vater nahm ihn in den Arm und fragte, ob er schlecht geträumt habe. Jordan schluchzte weiter und konnte gerade noch die Frage herausbringen: „Wie lange dauert es noch, bis du und Mama sich scheiden lassen?" „Wie kommst du denn auf so eine Idee?", fragte der Vater. „John und James haben gesagt, dass ihre Eltern sich dauernd gestritten haben, bevor sie sich getrennt haben, und jetzt ist es bei euch auch so", antwortete Jordan, und die Angst vor dieser Aussicht war ihm ins Gesicht geschrieben. Die Eltern vergaßen auf der Stelle ihre Auseinandersetzung und benutzten die Gelegenheit, ihrem Sohn zu versichern, dass eine Trennung für sie nie in Frage komme. Sie hatten sich bei der Hochzeit Treue versprochen und liebten sich immer noch und würden das Eheversprechen halten. Trotzdem kann man verschiedener Meinung sein und unbeherrscht reagieren. Das ist zwar nicht gut, aber es kommt vor. Wenn man sich lieb hat, kann ein Streit nicht so schnell alles zerstören. Wenn ein Vater das Versprechen bricht, das er seiner Frau bei der Hochzeit gegeben hat, und wenn er es auch mit anderen Versprechen nicht so genau nimmt, wird er Mühe haben, seine Kinder von seiner Vertrauenswürdigkeit zu überzeugen. Ein verlässlicher Vater wird diese Eigenschaft auch in seinen Kindern fördern können.

Rechenschaft ablegen

Viele Eltern sind überrascht, wenn ich sie auffordere, Rechenschaft für ihr Handeln *ihren Kindern gegenüber* abzulegen. Die meisten Eltern finden das etwas seltsam. Sie schauen mich ungläubig an: „Ist es denn nicht gerade umgekehrt? Die Kinder müssen doch ihr Tun vor den Eltern verantworten, oder nicht?" Ich bin fest davon überzeugt, dass Transparenz in unserem Handeln hilft, das Vertrauen unserer Kinder in uns zu stärken. Rechenschaft ablegen heißt nicht, dass die meisten Entscheidungen von den Kindern getroffen werden oder alles zur Diskussion gestellt wird. Es bedeutet aber, dass wir uns auch unseren Kindern so weit unterordnen können, dass sie uns bei einer falschen Entscheidung in Frage stellen oder ein gegebenes Versprechen einfordern können.

Als Kelly sieben Jahre alt wurde, habe ich Folgendes auf ihre Geburtstagskarte geschrieben: „Liebe Kelly. Ich habe dich sehr lieb. Ich bin so gern dein Papa. Im kommenden Jahr brauche ich deine Hilfe. Es ist nämlich so, dass ich noch nie vorher der Vater einer siebenjährigen Tochter war. Ich möchte für dich aber der allerbeste Vater werden. Wenn du also den Eindruck hast, dass ich ungerecht bin oder lieblos oder dir nicht richtig zuhöre, dann sag es mir bitte."

Etwas Ähnliches habe ich auch Sean, Katie und Heather geschrieben. Ich habe sie aufgefordert, mir dabei zu helfen, die Versprechen zu halten, die ich ihnen gegeben habe. Damit gebe ich mich ihnen natürlich ein Stück weit in die Hand, aber sie sind im Laufe der Jahre auch zu meinen wertvollsten Beratern geworden. Manchmal kann das etwas unangenehm werden. Katie hat mich einmal ertappt, als sie zehn Jahre alt war. Ich kam von einer Reise zurück, und sie empfing mich mit der Mitteilung, dass ich ihr gegenüber ungerecht war. Gerade das möchte ich unbedingt vermeiden; also fragte ich: „Was meinst du denn damit, mein Schatz?" „Wenn du von einer Reise zurückkommst, dann hast du schon viel öfter etwas Besonderes mit Sean, Kelly oder Heather unternommen als mit mir." „Wirklich?" Das war mir gar nicht aufgefallen. „Ja", sagte sie ohne mit der Wimper zu zucken. Dann wurde ihr Gesichtsausdruck etwas liebenswürdiger, und sie fragte: „Gehen wir beide heute Mittag zu McDonalds?" Unser Mittagessen an diesem Tag bestand aus Hamburgern und allem, was dazugehört. Weil ich den Kindern die Freiheit gelassen hatte, mich auf meine Fehler aufmerksam zu machen, erlebte ich auch die praktische Umsetzung.

Es ist eine anstrengende Sache, jederzeit Rechenschaft abzulegen über seine Taten. Wenn es leichter wäre, würde es unter Eltern sicher üblicher sein. Ohne Gottes Hilfe schaffen wir das nicht. Aber auch nicht ohne die Hilfe unserer Kinder. Glauben Sie mir: Wenn sie die Erlaubnis und die Gelegenheit dazu haben, sind Ihre Kinder in diesem Bereich eine unschätzbare Hilfe. Mit dieser Art Übung in ihren Kinderjahren werden sie zu Erwachsenen, die Verantwortung übernehmen können und ihrerseits das Wort halten, das sie gegeben haben.

Anregungen zum Nachdenken und Tun und zum gemeinsamen Gespräch

1. Wann haben Sie das letzte Mal ein Versprechen gebrochen, das Sie einem Ihrer Kinder gegeben haben? (Wenn Sie sich nicht daran erinnern können, fragen Sie einmal Ihre Kinder!) Was glauben Sie, hat das bei dem betreffenden Kind bewirkt? (Wenn Sie nicht darauf kommen, fragen Sie Ihr Kind!)

2. Schreiben Sie (auf einem anderen Blatt) alle unausgesprochenen Versprechen auf, die Sie jedem Ihrer Kinder gemacht haben. Welche davon sollten zu ausgesprochenen Versprechen werden? Unterstreichen Sie sie und machen Sie Pläne für die Umsetzung.

3. *Schreiben Sie (auf einem separaten Blatt) alle ausgesprochenen Versprechen auf, die Sie jedem Ihrer Kinder gegeben haben.*

4. *Planen Sie für diese Woche Gespräche mit Ihren Kindern und sprechen Sie mit ihnen über das Thema Rechenschaft und Verantwortlichkeit, und zwar mit jedem Kind einzeln und dann gemeinsam. Schreiben Sie jedem Kind einen kleinen Brief, in dem Sie darum bitten und ihm die Erlaubnis geben, Ihnen dabei zu helfen, Ihre Versprechen halten zu können.*

Kapitel 7

Tröster und Unterstützer

 Die vierzehnjährige Amy erinnert sich noch sehr gut an das erste Mal, als sie mitten in der Nacht aufwachte. Sie war damals fünf Jahre alt. Sie war von einem starken Gewitter aus dem Schlaf gerissen worden. Völlig verängstigt von dem lauten Donnern und der Dunkelheit sprang sie aus dem Bett und rannte weinend in das Schlafzimmer ihrer Eltern. Sie tappte zu ihrer Mutter und rief leise nach ihr. Bevor die Mutter jedoch antworten konnte, wurde der Vater wach. „Warum bist du nicht in deinem Bett?", sagte er, offensichtlich ärgerlich, weil er gestört worden war. „Geh sofort zurück in dein Zimmer!" „Ich habe aber Angst, Papa", antwortete Amy, immer noch weinend. „Davon will ich gar nichts hören. Du bist doch schon ein großes Mädchen, also benimm dich nicht wie ein Baby!" Amy sah hilfesuchend zu ihrer Mutter, die wach im Bett saß, aber nichts sagte. „Hast du mich nicht verstanden?", schrie der Vater, sodass Amy zusammenzuckte. „Mach, dass du in dein Bett kommst und störe uns ja nicht noch mal!" Amy ging aus dem Zimmer und von da aus ins Bad. Sie schaltete das Licht an, verriegelte die Tür und verbrachte den Rest der Nacht weinend in der Badewanne, aufgeschreckt von jedem Donnerschlag. Szenen dieser Art wiederholten sich noch mehrmals, bis Amy begriffen hatte, dass von ihrem Vater kein Trost zu erwarten war. Bis sie ungefähr zehn Jahre alt war, rannte sie jedes Mal bei einem Gewitter ins Badezimmer, verriegelte die Tür und saß weinend in der Badewanne. Amy hat zwar mittlerweile ihre Angst vor Gewittern überwunden, aber sie leidet noch immer unter der Ablehnung ihres Vaters, der es nicht fertig brachte, seine kleine Tochter zu trösten und ihr Sicherheit zu geben, wenn sie Angst hatte.

Die Folgen solcher Erfahrungen sind verheerend. Man hat festgestellt, dass eine Person, die keinen Trost und Schutz in der Kinderzeit erfahren hat, tatsächlich psychische Defizite hat. Solche Menschen fühlen sich oft entmutigt, einsam und leer und sind schüchtern. Sie neigen dazu, falsche Sicherheit in Beziehungen zu suchen, haben Angst vor Versagen und sind anfällig für die verschiedensten Formen von Süchten. Wer als Kind keinen Trost von Vater oder Mutter erfahren hat, wird es schwer haben, in Drucksituationen standzuhalten und sich gegen andere zu behaupten. So jemand wird Schwierigkeiten haben, Freundschaften zu schließen, und geneigt sein, in zu frühen sexuellen Beziehungen den Trost zu suchen, der ihm in der Kindheit versagt blieb. Wer genug getröstet und beschützt wurde, kann ein positives Selbstwertgefühl entwickeln und ist in der Lage, andere zu trösten und zu stützen.[1]

Die Vaterfigur

Die Natur und der Charakter unseres Vaters im Himmel machen deutlich, dass er jemand ist, der seinen Kindern in den Krisen des Lebens beisteht.

„Wenn aber aufrichtige Menschen zu ihm rufen, hört er sie und rettet sie aus jeder Not. Der Herr ist denen nahe, die verzweifelt sind, und rettet jeden, der alle Hoffnung verloren hat" (Psalm 34,18–19; Hfa). „Gepriesen sei Gott . . ., der Vater voller Barmherzigkeit, der Gott, der uns in jeder Not tröstet! In allen Schwierigkeiten ermutigt er uns und steht uns bei, so daß wir auch andere trösten können" (2. Korinther 1,3–4; Hfa).

Unser Vatervorbild ist ein mit-leidender Vater und der Gott des Trostes. Er reagiert in Krisensituationen nicht mit Ungeduld und Ablehnung, sondern mit Trost und Unterstützung. Er weiß, wie wichtig es ist, dass wir in schwierigen Zeiten jemanden haben, auf den wir uns verlassen können, der uns Kraft gibt und uns Rat gibt. Gottes Trost trägt durch *jede* Not. Er ist für uns da, wenn wir unschuldig verfolgt werden, weil wir für ihn eintreten. Wir können aber seiner Nähe auch sicher sein, wenn wir uns selbst durch unsinniges Verhalten in eine scheinbar ausweglose Lage gebracht haben. Er ist uns gerade dann nahe, wenn wir es am wenigsten verdient haben oder wenn wir schwach sind, weil wir uns selbst in unmögliche

Situationen hineinmanövriert haben. Er tröstet, wenn wir auf der ganzen Linie versagt haben. „Er sorgt für sein Volk, wie ein guter Hirte. Die Lämmer nimmt er auf den Arm und hüllt sie schützend in seinen Umhang. Die Mutterschafe (,Vaterschafe') führt er behutsam ihren Weg" (Jesaja 40,11; Hfa). Unser Vater ist mit seinem Trost auch zur Stelle, wenn er uns zurechtweist. Der Psalmist David schreibt: „. . . denn du bist bei mir, dein Stecken und Stab trösten mich" (Psalm 23,4b; L).

Der Hirtenstab wurde benutzt, um zu helfen und zu unterstützen. Der Hirte richtete Lämmer damit auf, zog sie zu sich heran oder leitete sie auf schwierigen, schmalen Wegen. Der Stab diente aber auch zur Verteidigung und dazu, Ordnung zu schaffen. Er wurde benutzt, um Schafe, die aus der Reihe tanzten, fühlbar daran zu erinnern, dass sie auf Abwegen waren.[2] Dennoch waren für den Psalmisten sowohl der Stock als auch der Stab Ausdruck des Trostes und der Geborgenheit.

Es ist leicht, Wohlwollen und Anerkennung zu verbreiten, wenn die Kinder gute Noten nach Hause bringen, oder sie zu trösten, wenn sie statt einer Eins eine Zwei oder Drei geschrieben haben, wenn sich unser Schatz das Knie aufgeschlagen hat oder eine Freundschaft zerbrochen ist. Es ist aber nicht mehr so einfach, wenn sie eine Beule ins Auto gefahren haben, weil sie angeben wollten und zu schnell waren. Oder wenn sie für eine wichtige Arbeit nicht genug gelernt haben und sie deshalb schlecht ausfällt. Vielleicht haben sie auch bei einer wichtigen Aufgabe bis zum letzten Moment gewartet, und deshalb ging alles schief. Sie haben sich selbst – und womöglich auch Sie als Eltern – blamiert. Bei solchen Gelegenheiten zeigt es sich dann, wie „göttlich" wir reagieren. Aber *genau in diesen Situationen* brauchen unsere Kinder unseren Trost und unsere Zuwendung am meisten. Häufig bin ich immer noch schnell zu streng mit meinen Kindern. Oft fällt mir nichts besseres ein, als zu schreien, im falschen Augenblick belehren zu wollen und meine Überlegenheit auszuspielen. Aber mit der Zeit lerne ich dazu. Ich lerne, meinem himmlischen Vater ähnlicher zu werden und meine Kinder vor allem dann zu trösten und zu ermutigen, wenn sie es brauchen. Es gibt viel zu lernen, wenn man Vater nach dem Bild Gottes sein will. Dazu gehört auch der folgende Bereich.

Die eigenen Begrenzungen akzeptieren

Ein junger Vater berichtete mir einmal davon, wie er seiner sechsjährigen Tochter das Radfahren beibringen wollte. Er rannte neben ihr her, während sie versuchte, die verschiedenen Fertigkeiten zu koordinieren, die dazu nötig sind: treten, lenken, Gleichgewicht halten, bremsen. Alles ging gut, bis der Vater plötzlich die Kontrolle verlor und nicht mehr rechtzeitig eingreifen konnte: Heidi stürzte, tat sich weh, und das Rad war ziemlich verbogen. Als der Vater von diesem Vorfall erzählte, merkte man deutlich, dass er sich schwere Vorwürfe machte, seine Tochter „im Stich gelassen zu haben". Er hätte ihr bei dieser Gelegenheit gern bewiesen, dass sie sich auf ihren Vater hundertprozentig verlassen kann, dass er zur Stelle ist, wenn sie ihn braucht. So fühlte er sich als Versager in seiner Vaterrolle im Allgemeinen. Er war einfach nicht vollkommen. Das ist leider niemand von uns. Einer der Schlüsselgedanken für erfolgreiche Vaterschaft ist es, unsere Grenzen zu erkennen und damit leben zu lernen. Wir können nicht verhindern, dass sich unsere Kinder das Knie aufschlagen, auch wenn wir zur Stelle sind, um ein Pflaster darauf zu kleben und sie in den Arm zu nehmen. Wir können ihre Fehler meist nicht verhindern, aber möglicherweise brauchen uns unsere Kinder, um die Sache wieder in Ordnung zu bringen. Wir können nicht allen Schmerz und jede Enttäuschung von ihnen fern halten, aber wir können mit ihnen weinen, wenn sie leiden. Wir sind nicht dazu da, um alles wieder auf die Reihe zu bringen, was in ihrem Leben schief läuft. Wir sollen sie jedoch ermuntern, die Dinge selbst in die Hand zu nehmen und in unserer Zuwendung nicht nachlassen, wenn sie versagen.

Sich Zeit nehmen

Neulich bat ich ein junges Mädchen, aufzuschreiben, wie es dazu kam, dass sie das erste Mal mit ihrem Freund schlief. Sie notierte Folgendes: „Dieser Schultag war einfach fürchterlich. Alles, was ich brauchte, war etwas Zeit mit meinen Eltern, um meine Gedanken loszuwerden. Eine kleine Umarmung hätte schon gereicht. Aber sie waren zu beschäftigt. Deshalb ging ich zu meinem Freund und redete mit ihm. Er hörte zu und dabei passierte es eben. Seit diesem Tag hatten wir eine sexuelle Beziehung. Vati und Mutti, ich wünschte, ihr hättet etwas Zeit für mich gehabt, als ich es nötig hatte." Dieses Mädchen hatte nach einem schwierigen Tag in der Schule Trost und Nähe gebraucht. Was lag näher, als die Zuwendung von den Eltern zu erwarten? Da sie leider nicht zur Verfügung standen, wandte sie sich an jemand anderen. Wie bereits erwähnt, wird bei Kindern das Wort *Liebe* nicht so buchstabiert wie bei Erwachsenen; für Kinder ist Liebe oft gleich *Z-e-i-t*. Ein Vater, der seinen Kindern vermitteln will, dass Gott tröstet, muss sich Zeit für sie nehmen.

Ich verhalte mich selbst nicht immer vorbildlich in diesem Bereich, aber ab und zu schaffe ich es. Einmal war ich während der Ferienzeit der Kinder an der Arbeit für ein neues Buchprojekt, als Kelly in mein Büro stürmte. „Papa, könntest du mich bitte zum Friseur fahren?" Ich war grade mitten in meiner Arbeit, und mein erster Gedanke war: „Das ist genau das, was ich jetzt überhaupt nicht gebrauchen kann!" Der zweite Gedanke war: „Josh, wie wäre es, wenn du das umsetzt, was du anderen ständig predigst?" Der dritte war: „Herr, gib mir eine positive Einstellung zu dieser Unterbrechung!" Ich schaltete also den Computer aus und hoffte, dass ich die packenden Schlussworte nicht vergessen würde, die mir vor dieser Störung gerade eingefallen waren. Wir stiegen ins Auto, und ich fuhr meine Tochter zum Haareschneiden. Glücklicherweise (meine Frau würde sagen: überraschenderweise) merkte ich ziemlich schnell, dass bei dem Ganzen mehr dahinter steckte, als dass ich für Kelly „Taxi spielen" sollte. Ich hatte den Eindruck, sie wollte Zeit mit mir verbringen, und auf dem Rückweg hatten wir ein sehr tiefgehendes Gespräch. Bezeichnenderweise kamen die persönlichsten Gedanken erst fast am Ende der Fahrt zur Sprache. Kelly brauchte anscheinend einige Zeit, um sich zu öffnen, und ich war im Nachhinein froh, dass ich es fertig gebracht hatte, mir diese Zeit zu nehmen.

Abschätzen, was nötig ist

Mein Freund Norm Wakefield erzählte mir von einem Gespräch mit einer seiner Töchter, als sie kurz vor dem Schulabschluss stand. Eigentlich sind die meisten Jugendlichen in dieser Zeit glücklich, weil sie die Schule nun endlich bald hinter sich haben und voll freudiger Erwartung sind auf das, was danach kommt. Aber seine Tochter schien traurig und bedrückt zu sein. Als er sie darauf ansprach, stellte sich heraus, dass sie sich im Vergleich mit den meisten Klassenkameraden in ihrer Leistung unterlegen fühlte, und das machte ihr zu schaffen. Sie wusste, dass sie keine besonderen Auszeichnungen erhalten würde. Norm hatte die verschiedensten Möglichkeiten, auf diese Situation zu reagieren. Er hätte ihre Gefühle herunterspielen oder sie ganz ignorieren können. Er hätte sagen können: „Stell dich nicht so an, es gibt Schlimmeres auf der Welt." Er hätte auch versuchen können, ihre Gefühle zu „reparieren" und ihr fünf Gründe nennen, warum sie keinen Anlass hatte, sich unterlegen zu fühlen. Aber ihm war bewusst, dass nichts davon angemessen gewesen wäre. „Ich wusste wirklich nicht, was ich tun sollte", vertraute er mir an. „Also legte ich einfach meinen Arm um sie und sagte zu ihr: ‚Bei mir bist du auf jeden Fall die Nummer eins!'" Das Lächeln und die Umarmung seiner Tochter machten ihm deutlich, dass das nicht die unpassendste Reaktion war für einen Vater, der nicht wusste, was er sagen sollte. Seine Einschätzung ihrer Bedürfnisse war richtig. Alles, was sie gerade brauchte, war Trost und nicht gute Ratschläge. Sie musste hören, dass es keine Rolle spielt, wie viel Extras sie sich in der Schule verdient. Sie hat die volle Zuneigung von jemand, ohne dass Gegenleistungen nötig sind.

Ein Vater, der seine Kinder trösten und unterstützen will, muss gut zuhören. Achten Sie genau auf das, was Ihre Kinder sagen oder tun. Versuchen Sie vor allem, die Botschaft, die hinter diesen Worten und Taten steckt, zu erkennen. Worte sind nur ein kleiner Teil dessen, was Ihnen Ihr Kind mitteilt. Ein Kind, das sagt: „Du machst ja nie etwas mit mir", ist offensichtlich auf der Suche nach mehr Aufmerksamkeit. Wutausbrüche können ein Hilfeschrei nach Trost und Nähe sein. Damit will ich nicht unangemessenes Verhalten entschuldigen. Ich will nur darauf aufmerksam machen, dass wir manchmal auf mehr reagieren müssen als allein auf die gesprochenen Worte. Es könnte mehr dahinter stecken.

Die Sprache des Trostes und der Ermutigung lernen

Ich bin immer noch dabei zu lernen, was Kinder *nicht* brauchen, wenn sie traurig sind oder Angst haben, wenn sie enttäuscht sind oder sich blamiert fühlen. Wenn ich einem Problem (oder Menschen) begegne, steuere ich meist geradewegs auf den Kern der Sache los. Mein Verstand reagiert als erstes, obwohl ich leicht damit jemanden verletze: „Weißt du, dein Fehler war folgender . . .“; „Dir ist doch klar, warum dir das passiert ist, oder?“ Ich lerne langsam, dass Korrektur das Letzte ist, was Leute brauchen, denen es schlecht geht. Sätze wie: „Lass dir das eine Lehre sein!“ oder: „Das kann nur deinen Charakter formen!“ sind vergebliche Belehrungen, die der Beziehung nur schaden. Auch der Versuch einer fröhlichen Aufmunterung in Form von: „Sei froh, es hätte noch viel schlimmer kommen können!“ kann fatale Folgen haben.

Ich habe mir angewöhnt, *nicht* meinem ersten Impuls zu trauen. Denn meistens haben es meine Kinder nötiger, dass ich zuhöre, sie in den Arm nehme und mit ihnen weine, als sich meine schlauen Ratschläge anzuhören. Sie brauchen meine Anteilnahme und meine Ermutigung. Viel seltener, als ich denke, ändern *meine* Ansichten etwas an *ihren* Problemen. Statt einer Gardinenpredigt brauchen sie mitfühlendes Schweigen und tröstende Worte: „Das tut mir Leid für dich.“ „Ich kann mir vorstellen, wie weh das tut.“ „Ich hab dich lieb.“

Ermutigung für die Zukunft kann die Verzweiflung mildern: „Ich glaube, dass du es schaffen kannst.“ „Wir stehen das zusammen durch, wenn du es willst.“ „Lass mich wissen, wie ich dir helfen könnte.“ Natürlich sind manchmal auch Ermahnungen und Hinweise nötig, wenn den Jugendlichen die Gründe für ihr Versagen nicht bewusst sind. Aber sie werden besser angenommen, wenn wir ihnen zuerst unsere Annahme und unser Verständnis zusichern.

Achten Sie auf Ihren Sprachgebrauch

Dan Benson erwähnt in seinem Buch „The Total Man" (deutsch: Der totale Mann) eine Umfrage unter Eltern, aus der hervorgeht, dass von zehn Bemerkungen, die Eltern im Lauf des Tages ihren Kindern gegenüber machen, nur eine positiv ist; der Rest sind Kritik und Ermahnungen. Weiter heißt es, dass Kinderpsychologen festgestellt haben: Vier positive Äußerungen sind nötig, um die zerstörerische Wirkung eines ungerechten Tadels wieder aufzuheben.[3] Ein Vater, der tröstend und ermutigend auf seine Kinder wirken möchte, muss genau darauf achten, was er sagt. Wenn er oft ironisch, verurteilend und kritisch ist, werden seine Tröstungsbemühungen im Ernstfall nicht ankommen. Wenn wir unseren Kindern durch verbales oder nonverbales Verhalten zu verstehen geben, dass sie stören oder ihre Probleme uninteressant sind, verhindern wir, dass sie uns vertrauen können. Hier einige Beispiele:

„Lass mich in Ruhe!"
„Stör mich nicht!"
„Sei endlich mal still."
„Erwachsene sind mir lieber."
„Ich habe jetzt keine Zeit für dich."
„Du stellst dich ganz schön blöd an!"
„Du bist eine richtige Nervensäge."
„Was gehen mich deine Gefühle an?"
„Dazu bist du noch zu klein."

Wer solche und ähnliche Sätze des Öfteren seinen Kindern gegenüber gebraucht, muss sich nicht wundern, wenn sie Trost und Geborgenheit woanders suchen, und zwar dann meist an den Orten, die nicht unbedingt in das ehrgeizige Erziehungskonzept passen.

Die Welt der Kinder kennen lernen

Wenn wir es als Väter wirklich ernst meinen und etwas verändern wollen, müssen wir herausfinden, was unsere Kinder beschäftigt. Worüber denken sie nach? Was finden sie toll? Wie heißen ihre

Freunde, und noch wichtiger: Warum gefallen sie ihnen? Viele Väter erwarten von ihren Kindern, dass sie sich ihnen auf der Ebene eines Erwachsenen mitteilen. Wir Väter möchten oft, dass unsere Kinder das lernen, was uns selbst interessiert. Selten machen wir uns die Mühe, uns auf ihre Ebene einzulassen.

Vor einigen Jahren hatte Kelly nachmittags eine Freundin zu Besuch, und die beiden kamen auf die Idee, mir eine neue Frisur zu machen. „Ihr habt doch sicher was Spannenderes vor als das", versuchte ich sie abzuwimmeln. „Nein! Bitte, Papi!", drängelte Kelly weiter. Ich hatte absolut keine Lust, das Versuchskaninchen für die beiden zu sein, aber dann fiel mir ein, dass es eine Gelegenheit wäre, sich in ihre Welt einzulassen. „Also gut", sagte ich endlich, „aber nur unter zwei Bedingungen: Ihr dürft die Haare nicht färben oder abschneiden, und danach müsst ihr mit mir Pizza essen gehen, und zwar müsst ihr mit mir am selben Tisch sitzen, egal, was ihr mit meinem Kopf fabriziert habt." „Ja, toll!", quiekten sie im Duett, und in der nächsten Stunde bearbeiteten sie mich mit Haar-Gel, Schaumfestiger und Bürste und einigen anderen, nicht identifizierbaren Utensilien. Als sie fertig waren, stand mein Haar in alle Richtungen ab, und ich sah aus wie ein in die Jahre gekommener Punker. Als ich mich im Spiegel betrachtete, bedauerte ich den zweiten Teil unserer Abmachung. Aber das hatte ich mir selbst eingebrockt. Meine einzige Hoffnung war es, keine Bekannten zu treffen. Als wir das Lokal betraten – ich mit Sonnenbrille und in entsprechender Verkleidung –, blieben die Mädchen fünf Schritte hinter mir, damit niemand merkte, dass wir zusammengehörten. Ich wurde von allen angestarrt, und eine ältere Dame schüttelte missbilligend ihr Haupt. Zumindest rief niemand die Polizei. Wir drei verbrachten dann noch einen unvergesslichen Abend.

Ich möchte nun nicht behaupten, dass solche „Events" notwendig für meine Tochter sind, um ihr Trost und Annahme zu vermitteln. Aber Dinge wie Popcornpartys oder Kissenschlachten sind Anlässe, bei denen Kinder Vertrauen und Nähe entwickeln können, die auch in Konflikten und Schmerz durchtragen. Wir lernen mit der Zeit, die Stimmungen der Kinder besser einzuschätzen und auf ihre Gefühle zu achten. In Krisenzeiten sind wir dann eher in der Lage, angemessen zu reagieren und nicht durch Verkennen der Situation alles noch schlimmer zu machen. Die Fähigkeit zu trösten und aufzurichten ist nicht auf Knopfdruck abrufbar. Sie wächst eher wie eine Blume im Garten. Sie will gepflegt werden, und das braucht Zeit. Aber unerwartet bringt sie Früchte, und dann zeigt es sich, dass sich die Mühe gelohnt hat.

Anregungen zum Nachdenken und Tun und zum gemeinsamen Gespräch

1. Gehen Sie folgende Liste durch und prüfen Sie, ob die genannten Eigenschaften oder Verhaltensweisen auf Ihre Kinder zutreffen (alles Zutreffende bitte ankreuzen):

   ☐ entmutigt
   ☐ eingeschüchtert
   ☐ Angst vor Versagen
   ☐ unsicher
   ☐ anfällig für Gruppendruck
   ☐ Tendenz zu ungesunden Freundschaften
   ☐ einsam
   ☐ keine eigene Meinung
   ☐ suchthaftes Verhalten
   ☐ leer, keine Ziele
   ☐ anfällig, Drucksituationen im sexuellen Bereich nachzugeben
   ☐ schwach und verzagt im Blick auf die Zukunft

2. Sehen Sie sich die Bereiche an, die Sie angekreuzt haben. Könnte es sein, dass manche der Schwächen damit zu tun haben, dass nicht genug Trost und Annahme vermittelt wurde? Wenn ja, welche?

3. Können Sie sich an Momente in der Vergangenheit erinnern, wo eins Ihrer Kinder dringend Trost und Ermutigung gebraucht hätte, es aber nicht bekam? Lässt sich das Versäumnis noch korrigieren? Sollten Sie eins Ihrer Kinder um Vergebung bitten?

4. *Schreiben Sie auf, wie und auf welche Weise Sie Ihren Kindern Ermutigung vermitteln können. Womit wollen Sie diese Woche beginnen?*

5. *Denken Sie darüber nach, welche Ereignisse im Leben Ihrer Kinder demnächst anstehen. Gibt es Anlässe, bei denen sie besondere Aufmerksamkeit und Ermutigung brauchen? Was können Sie jetzt schon tun, um sich darauf vorzubereiten?*

Kapitel 8

Beim Vater Zuflucht finden

 Sandra, die Tochter eines guten Freundes, hatte eines Tages eine Auseinandersetzung mit einer Oberstufen-Lehrerin. Diese beschuldigte Sandra in einer Sache, an der sie völlig unbeteiligt war. Die Lehrerin bestand auf einer strengen Bestrafung, obwohl Sandra mehrmals ihre Unschuld beteuerte. Die Lehrerin gab jedoch nicht nach und wollte Sandra nachsitzen lassen. Sandra blieb ihrerseits fest und ließ sich nicht einschüchtern. „Ich möchte, dass mein Vater angerufen wird", verlangte sie. „Das werden wir wohl müssen", antwortete die Lehrerin, in der Annahme, dass dem Vater das „Vergehen" seiner Tochter höchst peinlich sein würde. Sie gingen in das Sekretariat, um zu telefonieren. Die Lehrerin wich nicht von Sandras Seite, während diese mit ihrem Vater sprach und die Situation erklärte. „Er wird gleich hier sein", erklärte Sandra dann, den Tränen nahe. Kurze Zeit später traf der Vater ein und ließ sich die Angelegenheit noch mal erklären. Sandras Seite kannte er schon vom Telefon. Nun schilderte die Lehrerin die Sache ärgerlich und anklagend aus ihrer Sicht. Als sie fertig war, legte der Vater den Arm um seine Tochter und sagte höflich, aber bestimmt, dass die Lehrerin mit Sicherheit die falsche Person beschuldigt habe. Er sei sicher, dass Sandra die Wahrheit sage und würde sich gegen jede Art der Bestrafung verwahren. Er stand auf und verließ gemeinsam mit Sandra das Zimmer. Während sie im Flur wartete, ging er noch einmal zurück und erklärte, warum er von der Unschuld der Tochter überzeugt sei, und dass sie Anrecht auf eine Entschuldigung habe. Dann ging er endgültig und ließ eine völlig verblüffte Lehrerin zurück. Als er zu Sandra zurückkehrte, war sie noch immer in Tränen aufgelöst, was er nicht verstehen konnte, denn die Sache war für ihn eigentlich erledigt. Seine Tochter lächelte ihn jedoch an und sagte:

„Ich freue mich einfach, dass du mich verteidigt hast und mir glaubst. Danke!" Dieser Vater hatte hier eine einmalige Gelegenheit, für seine Tochter einzutreten. Für ihn war es vielleicht keine große Sache, aber seine Tochter erlebte, dass auf ihren Vater in einer Notlage Verlass ist, dass er für sie einsteht und das Beste von ihr annimmt.

In der heutigen Zeit ist es besonders wichtig, dass Väter diese Art Vertrauen in ihren Kindern erwecken können. Die Mehrheit der Jugendlichen sieht ihrer Zukunft mit ziemlicher Skepsis entgegen. Sie haben die Hoffnung auf eine positive Entwicklung weitgehend verloren. Viele Kinder leben unter großer Anspannung und haben Angst. Sechs von zehn Oberschülern sagen, dass sie einen Mitschüler kennen, der Selbstmord begehen wollte oder diese Absicht sogar ausgeführt hat.[1] Einer von dreien kennt jemand, der eine Waffe mit in die Schule bringt.[2] Viele haben Freunde oder Bekannte, die in gefährliche und/oder illegale Aktivitäten verwickelt sind, wie Diebstähle oder Drogenhandel und -gebrauch. Andere Forschungen zeigen, dass 68 % der Jugendlichen nicht daran glauben, dass diese Welt eine Zukunft hat. 32 % glauben, dass sie irgendwann in ihrem Leben direkt von einer Form der atomaren Bedrohung betroffen sein werden. Ängste verschiedenster Art sind auch schon bei jüngeren Kindern verbreitet. Nadine Brozan schrieb in der *New York Times* über die Ergebnisse einer Studie bei Grundschülern. Die fünf häufigsten Ängste dieser Altersgruppe waren noch vor zwanzig Jahren: Lärm, dunkle Räume, große Höhen, gefährliche Tiere und fremde Personen. Das hat sich geändert. Heute fürchten sich diese Kinder am meisten davor, dass sie einen Elternteil durch Scheidung verlieren, dass sie Opfer von Überfällen und anderen Verbrechen werden, dass sie vergewaltigt werden oder Krebs bekommen.[3] In solch einer Atmosphäre brauchen Kinder einen Ort, an den sie sich zurückziehen können und an dem ihnen keine Gefahr droht. An dem sie in Sicherheit sind vor einer Welt, die aus den Fugen zu geraten scheint. Sie brauchen Schutz vor den Stürmen dieser Zeit und einen Ort, wo sie sich entspannen und erholen können.

Ein Vater – eine feste Burg

Am Tiefpunkt seines bisherigen Lebens angelangt, musste sich der frühere Hirtenjunge David vor seinen Feinden verstecken. Er wurde vom König (dem Vater seines besten Freundes) beschuldigt und verfolgt. Er war für einige Zeit ein Nationalheld gewesen, doch jetzt war er auf der Flucht. Er war einst Mitglied des Königshofes, jetzt schlief er in Höhlen. Er hatte seinem König aufrichtig gedient, aber die Berater des Königs hatten ihn verleumdet. Er war bereits als neuer König Israels gesalbt worden, aber derzeit lag seine Zukunft im Dunkeln. Er hatte gnädig das Leben des Königs verschont, als dieser in seiner Gewalt war, doch nun trachtete derselbe König ihm nach dem Leben. Davids Probleme waren so groß, dass er sich vorkam wie ein Schaf angesichts einer Löwenherde. Er war von seinen Schwierigkeiten völlig überwältigt und sah keinen Ausweg. Seine einzige Chance war, sich an seinen Vater im Himmel zu wenden: „Sei mir gnädig, Gott, sei mir gnädig! Denn auf dich traut meine Seele, und unter dem Schatten deiner Flügel habe ich Zuflucht, bis das Unglück vorübergehe" (Psalm 57,2; L).

Innerhalb weniger Jahre jedoch wurde David König, besiegte seine Feinde, vereinigte ein Königreich, das in Aufruhr war und gewann die Achtung und den Respekt seines Volkes. Wie konnte er so etwas erreichen? Er gibt die Antwort darauf in einem weiteren Psalm: „Herzlich lieb habe ich dich, Herr, meine Stärke! Herr, mein Fels, meine Burg, mein Erretter; mein Gott, mein Hort, auf den ich traue, mein Schild und Berg meines Heils und mein Schutz!" (Psalm 18,2–3; L). Solch ein Vater ist unser Gott! Er ist unser Schutzschild, unsere Zuflucht, unser Versteck: „Die Unterdrückten finden bei Gott Zuflucht. In schweren Zeiten beschützt er sie. Herr, wer dich kennen lernt, der wird dir gern vertrauen" (Psalm 9,10–11; Hfa). „Der Herr über Himmel und Erde ist mit uns! Der Gott Jakobs ist unser Schutz" (Psalm 46,8; Hfa). „Wie gut ist Gott zu mir! Er gewährt mir Zuflucht und Sicherheit. Er ist mein Schild, der mich vor Bösem bewahrt. Er hat mich zum Herrscher über sein Volk gemacht" (Psalm 144,2; Hfa). „Wie köstlich ist deine Güte, Gott, daß Menschenkinder unter dem Schatten deiner Flügel Zuflucht haben!" (Psalm 36,8; L). Unser Vater im Himmel ist eine Quelle der Kraft, ein Ort der Sicherheit für seine

Kinder. Bei ihm können wir sicher sein vor Angriffen von außen und von dem Druck des täglichen Lebens ausruhen.

Dieses Vorbild möchte ich auch für meine Kinder sein. Ich weiß, dass ich nicht allmächtig und nicht allwissend bin. Meine Kinder sollen von mir lernen, sich zuerst selbst an ihren himmlischen Vater zu wenden, genau wie ich es tue. Aber wie Gott, der Vater, sollen sie mich als ihre Zuflucht kennen und wissen, dass ich für sie da bin, wenn sie in Not sind. Es kann sein, dass sie mit Enttäuschungen nicht fertig werden oder dass sie von Gleichaltrigen unter Druck gesetzt werden. Vielleicht finden sie es einfach schwierig, erwachsen zu werden. Wenn sie wissen, dass es eine Rückzugsmöglichkeit gibt, werden sie Selbstvertrauen entwickeln können. Sie wissen ja, dass im Ernstfall Hilfe möglich ist. Das ist nicht zu verwirklichen ohne die Abhängigkeit von Gott und das Wirken des Heiligen Geistes. Aus eigener Kraft würde ich meistens versagen, genau wie Sie auch. Aber wir sind nicht auf uns selbst gestellt.

„Das alles kann ich durch Christus, der mir Kraft und Stärke gibt" (Philipper 4,13; Hfa). Genau das können auch Sie erleben, wenn Sie mit Gottes Kraft und Hilfe rechnen. Überlegen Sie dabei, wie Sie am besten vorgehen können. Eine gute Strategie wird im folgenden Abschnitt behandelt.

Auf Krisensituationen vorbereitet sein

Eines Tages holte ich meine Tochter Kelly von der Schule ab. Auf dem Weg zum Auto fragte sie mich plötzlich: „Vati, was hältst du eigentlich von Jim Bakker?" Der Skandal um den bekannten amerikanischen Fernsehprediger war zu dieser Zeit das Hauptthema in den Medien und offenbar auch in der Klasse von Kelly. Ich hatte schon viele Reaktionen von anderen Christen und Pastoren gehört, wie z. B.: „Das ist ja widerlich!" „Er sollte dringend den Beruf wechseln!" „Wahrscheinlich war er gar kein richtiger Christ", und so weiter. Natürlich wurden diese Aussagen aus Empörung und Enttäuschung gemacht, aber damit wird indirekt gleichzeitig noch etwas anderes gesagt: Jeder Pastor, der solche Meinungen vor Jugendlichen ausspricht, signalisiert damit: „Denk ja nicht, dass du mit deinen Schwierigkeiten zu *mir* kommen kannst, wenn du mal Probleme hast." Junge Mädchen könnten denken, dass sie keine Hilfe erwarten können, wenn sie selbst vor der Ehe schwanger werden. Und christliche Eltern, die zu Hause solche Kommentare machen, geben ihren Kindern zu verstehen: „Wir sind für dich da, aber nur, solange du keine Drogen nimmst, nicht trinkst, nicht schwanger wirst und auch sonst keinen Ärger machst." Wie sollte ich also Kellys Frage beantworten? Wie sollte ich meiner dreizehnjährigen Tochter erklären, dass ich zwar die Sünde verurteile, aber den Sünder nicht verachte? Ich versuchte vorsichtig, eine Antwort zu geben: „Kelly, was Jim Bakker getan hat, war falsch. Es ist Sünde. Er hätte sich nicht mit dieser anderen Frau in dem Hotelzimmer treffen dürfen. Er ist verheiratet. Aber bedenke auch noch etwas anderes: Gott liebt Jim Bakker genauso wie dich und mich. Christus ist für ihn genauso gestorben wie für uns. Wenn Gott ihm nicht vergeben kann, dann kann er uns genauso wenig vergeben." Kelly sagte nichts und dachte nach, wobei mir alles Mögliche durch den Kopf ging, was ich ihr noch erklären wollte. Ich fing noch mal an: „Schatz, wir wollen das mal möglichst realistisch betrachten. Weißt du, was es für mich bedeuten würde, wenn du demnächst schwanger würdest? Ich wäre ein toter Mann! Die Hälfte der Leute aus unserer Gemeinde würden die Strassenseite wechseln, wenn ich komme. Im ganzen Land würden mich Pastoren, christliche Zeitschriften, Reporter und Evangelisten in der Luft zerreißen." Kelly sah mich mit großen Augen an und antwortete: „Ich weiß, Vati." „Aber etwas muss ich dir auch noch sagen", fuhr ich fort. „Wenn du jemals ohne Trauring schwanger werden würdest, wäre es mir völlig egal, was andere Leute darüber denken. Ich kann auf alle anderen Leute verzichten. Aber ich würde nie auf *dich* verzichten oder mich von dir abwenden. Ich würde alles tun, um das Ganze gemeinsam mit dir durchzustehen." Sie blieb stehen, drückte bewegt meinen Arm und sagte: „Da bin ich mir ganz sicher!" Vielleicht denken jetzt einige, dass ich da zu großspurig in meinen Versprechungen war. Kelly könnte das ja jetzt auch ausnutzen und denken: „Vatis Liebe ist mir sicher, egal, ob ich schwanger werde oder nicht." Aber das ist nicht meine Sorge. Mir geht es darum, ihr und ihren Geschwistern zu versichern, dass sie bei uns immer eine Zuflucht haben werden, ganz gleich, in welche Art von Schwierigkeiten sie geraten.

Wachsam sein und beobachten

Mein Freund Norm Wakefield erlebte Folgendes mit seinem Sohn: „Joel war etwa vierzehn Jahre alt, als er eines Tages völlig aufgebracht aus der Schule nach Hause kam. Bis nach oben in meinem Büro unter dem Dach konnte ich hören, wie er die Türen knallte und herumschrie. Beim Abendessen legte er sich mit seinen Geschwistern an. Es war auch nicht zu überhören, als er in sein Zimmer ging. Erst in diesem Augenblick verstand ich: *Joel hatte ein Problem aus der Schule nach Hause gebracht.* Ich ging in sein Zimmer und fing an: ‚Joel, mir ist aufgefallen, dass du ziemlich geladen bist, seit du von der Schule gekommen bist. Ist da etwas passiert, worüber du reden möchtest?‘ Mein Sohn begann zu weinen. Ich kam mir bereits wie ein Trottel vor, dass ich so lange gebraucht hatte, um zu erkennen, dass etwas nicht stimmte. Joel redete sich alles von der Seele, was ihn in der Schule geärgert hatte. Er war vor der ganzen Klasse von einem Lehrer blamiert und beschuldigt worden, ohne sich verteidigen zu können. Dieses Erlebnis nagte noch an ihm und hatte ihn den ganzen Tag unleidlich gemacht. Ich war sehr froh, dass ich am Ende doch noch so schlau war, nachzufragen.“

Wenn wir als Väter eine Zuflucht sein wollen, müssen wir wachsam bleiben und beobachten. Wir müssen lernen, hinter die Worte und Stimmungen zu schauen. Die Sorgen und Bedenken unserer Kinder sollten ernst genommen werden. Wir sollten wissen, wer ihre Freunde sind, was sie sich im Fernsehen oder auf Video anschauen. Vielleicht finden wir sogar manches an ihrer Musik interessanter als zunächst angenommen . . .

Ich kenne einen Vater, der sein Büro zu Hause hat. Er hat es sich zur Gewohnheit gemacht, seine Kinder im Empfang zu nehmen, wenn sie aus der Schule kommen. Sie kommen einzeln in sein Büro und berichten, wie ihr Schultag gelaufen ist. Das dauerte insgesamt meist nicht länger als fünfzehn Minuten, aber so ist dieser Vater immer auf dem Laufenden über das, was die Kinder beschäftigt. Diese Möglichkeit haben nur sehr wenige Väter. Aber wer es als wichtig erkannt hat, findet andere Gelegenheiten, um herauszufinden, was im Leben seiner Kinder aktuell ist. Und so kann er rechtzeitig reagieren, wenn es nötig ist.

Zuhören lernen

Ein erfolgreicher Geschäftsmann kam zu Norm Wakefield, weil er in der Beziehung zu seinem achtzehnjährigen Sohn einen Rat brauchte. Die beiden kommunizierten so gut wie gar nicht mehr miteinander. Die schulischen Leistungen des Sohnes hatten nachgelassen, er experimentierte mit Drogen und hatte die falschen Freunde. Norm schlug seinem Freund vor, dass er mit seinem Sohn essen gehen sollte, nicht etwa, um ihm unter vier Augen eine Strafpredigt zu halten, sondern nur mit dem Ziel, ihm *zuzuhören*. Eine Woche später berichtete der Vater über das Ergebnis dieser Verabredung. „Wie hat Ihr Sohn reagiert?", fragte Norm. „Na ja", fing der Vater an, „er sagte, dass er die ganze Zeit darauf gewartet hat, dass ich endlich die Katze aus dem Sack lasse, denn er erwartete die übliche Gardinenpredigt, die ich sonst immer bei solchen Gelegenheiten vom Stapel gelassen habe. Er konnte es kaum glauben, dass ich wirklich nur zuhören wollte."

Väter, die ihren Kindern Zuflucht bieten wollen, müssen die Kunst der Zuhörens erlernen und sich darin üben. Es geschieht zu oft, dass unsere Kinder zu uns kommen, wenn sie ein Problem haben, und wenn sie alles berichtet haben, ergießt sich ein Schwall von Ratschlägen auf sie, und zwar selbstverständlich garniert mit Hinweisen auf ihre Fehler und ihre Unfähigkeit:

„Habe ich nicht versucht, dich zu warnen . . .?"

„Was hast du dir eigentlich dabei gedacht?"

„Ich kann kaum glauben, dass du dich *so (blöd)* angestellt hast."

„Das ist das letzte Mal, dass . . .!"

„Also, von jetzt an läuft das folgendermaßen . . ."

Wenn die Verbindung zu unserem himmlischen Vater intakt ist, werden wir in einer Haltung des Gebets daran arbeiten, ihm ähnlicher zu werden. So lernen wir, unseren Kindern erst mal zuzuhören, bis wir die *ganze* Geschichte kennen und sie nicht sofort kritisieren und verurteilen. Unsere Kinder werden Vertrauen gewinnen können und auch mit ihren Fehlschlägen zu uns kommen, weil sie nicht fürchten müssen, mit Vorwürfen empfangen zu werden.

In Liebe die Wahrheit sagen

Wir Väter müssen uns klarmachen, dass wir dazu neigen, neben *neun* negativen *eine* positive Bemerkung zu machen. Kein Wunder, wenn unsere Kinder angesichts dieser Flut von Kritik anderswo Trost und Schutz suchen. Auch wenn Väter noch so geistlich oder vorbildlich zu sein versuchen, sie neigen in den meisten Fällen dazu, ihre Mitteilungen mit Kritik und Forderungen zu „würzen". Deshalb ist es so wichtig, dass wir auf unsere Worte achten.

Der Apostel Paulus ermahnt uns: „Redet auch nicht schlecht voneinander. Was ihr sagt, soll für jeden gut und hilfreich sein, eine Wohltat für alle" (Epheser 4,29; Hfa). Was wir sagen, lässt sich normalerweise in eine dieser beiden Kategorien einordnen: Es ist entweder destruktiv, kritisch, nicht aufbauend – oder positiv, fördernd, aufbauend.

Nehmen wir an, Sie sind mit mir im gleichen Raum. Sie kommen auf mich zu und wollen sich vorstellen: „Guten Tag, mein Name ist . . ." Bevor Sie Ihren Namen sagen können, bekommen Sie von mir eine kräftige Ohrfeige. Sie entfernen sich schleunigst in eine andere Ecke und überlegen, wie Sie reagieren sollen. Nach gründlicher Überlegung wagen Sie einen zweiten Versuch mit dem gleichen Ergebnis: Sie erhalten eine Ohrfeige. *Wie oft werden Sie noch versuchen, meine Bekanntschaft zu machen?* Unsere Worte können auf die Seele unseres Gegenübers die gleiche Wirkung haben wie eine Ohrfeige, die man körperlich spürt. Worte verletzen, und sie hinterlassen Wunden. Wenn wir auf unsere Kinder losgehen und ihnen mit Kritik, Sarkasmus, Verurteilung und Ablehnung begegnen, schlagen wir ihnen permanent die Tür vor der Nase zu. Diese Tür sollte aber ständig offen bleiben, falls sie Probleme bekommen, die sie nicht mit Gleichaltrigen lösen können oder wollen. Wenn es uns dagegen gelingt, „die Wahrheit in Liebe zu sagen"[4] und unseren Kindern auch in schwierigen Situationen mit Annahme zu begegnen, erleichtern wir es ihnen, bei uns Zuflucht zu suchen und zu finden.

Mittragen, wenn es schwer wird

Während der Olympiade 1992 in Barcelona gab es einen Moment, der in die Geschichte einging. Derek Redmond aus Grossbritannien wollte sich seinen Lebenstraum erfüllen, nämlich im 400-Meter-Lauf eine Goldmedaille für sein Land zu gewinnen. Er war bereits bis zum Halbfinale gekommen. Sein Lauf begann hervorragend mit guten Aussichten auf einen Sieg, als er plötzlich, schon in greifbarer Nähe der Ziellinie, einen Krampf im Oberschenkel bekam, einknickte und stürzte. Eine Sehne war gerissen, und damit war der Wettbewerb für ihn vorbei. Er rappelte sich auf, bevor die Helfer zur Stelle waren. Obwohl ihn alle anderen Läufer längst überholt hatten, schien er trotzdem das Rennen noch beenden zu wollen. Plötzlich drängte sich ein Mann durch die Reihen der Sicherheitsbeamten. Es war Dereks Vater. Er lief auf seinen weinenden Sohn zu und umarmte ihn. „Niemand verlangt das von dir!" „Aber ich verlange es von *mir*", antwortete dieser entschlossen. „Also gut", sagte der Vater darauf, „dann bringen wir die Sache gemeinsam zu Ende." Dereks Vater nahm ihn bei den Schultern, und, ohne Hilfe anzunehmen, stolperten und hinkten sie gemeinsam die letzten Meter bis zum Ziel. Zuerst wussten die Zuschauer nicht, was das Ganze bedeuten sollte, aber als sie merkten, was da geschah, nahmen die Jubel- und Ermutigungsrufe kein Ende.

Wie oft bin ich lieber in der Zuschauerreihe sitzen geblieben, während meine Kinder in einem Bereich Probleme hatten? Leider viel zu oft, fürchte ich. Zuflucht für die Kinder zu sein heißt, an ihrer Seite zu sein, wenn es schwierig wird. Es bedeutet nicht, ihnen die Unannehmlichkeiten abzunehmen und sie für sie zu erledigen, sondern wachsam zu sein und für sie da zu sein. Wenn ich meinen Kindern klarmachen kann, dass ich da bin und wir eine Sache gemeinsam zu Ende bringen können, ist das die wirksamste Art der Zuflucht, die Eltern zu bieten haben. Es kann bedeuten, die hämischen Blicke und Kommentare der Umgebung auszuhalten. Vielleicht ist es für mich sogar riskant und scheint unklug, aber es hat sich gelohnt, etwas gemeinsam durchzustehen, wenn wir dann von unseren Kindern hören: „Danke, Vati, dass du mich unterstützt hast!"

Vernünftige Grenzen setzen

Unseren Kindern Zuflucht zu gewähren heißt nicht, dass wir ihnen etwa alles erlauben sollen. Im Gegenteil: Korrektur und konstruktive Kritik sind unumgänglich. Eines Tages machte ich einen Spaziergang in der Nähe unseres Hauses. Am Rand einer großen Weide stand ein alter Planwagen und in der Nähe grasten einige Maultiere. Beim Näherkommen erkannte ich einen älteren Mann und kam ins Gespräch mit ihm. Er zog im Sommer mit seinem Wagen durchs Land und genoss die Natur. Ich stellte bald fest, dass er eine Menge über Viehzucht wusste. Ich fragte ihn unter anderem: „Was glauben Sie, ist die beste Umgebung, wenn man Tiere züchten will? Weite, große Wiesen, wo sie unendlich viel Auslauf haben, oder kleine Ställe, die Geborgenheit geben, oder eher so eine eingezäunte Weide, wie wir sie hier vor uns haben?" „Oh, eine eingezäunte Weide ist auf jeden Fall das Beste", antwortete er, ohne zu zögern. „Und warum?", fragte ich weiter. „Weil die Tiere sich in zu großer Weite schnell verloren vorkommen. Außerdem sind sie eher in Gefahr, von Raubtieren angegriffen zu werden. Zu viel freie Fläche ist einfach zu unsicher. Wenn man sie dagegen dauernd im Stall hält, muss man sie ständig beaufsichtigen und sie mit Futter versorgen. Wenn sie aber auf einer guten, überschaubaren Weide leben, haben sie alles, was sie brauchen in erreichbarer Nähe und können dennoch selbstständig sein."

Dieses Gespräch brachte mich auf einen wunderbaren Vergleich mit Wahrheiten der Bibel. Unser liebender Vater hat für alles gesorgt, „auf saftigen Wiesen und frischen Quellen" (Psalm 23,2; Hfa). Aber er hat uns auch Grenzen gesetzt: sein Gesetz und die Wahrheit, die uns frei macht (siehe Jakobus 1,25 und Johannes 8,32). Geschützte Wiesen sind nicht nur gut für die Tierhaltung; auch unseren Kindern müssen wir geschützte Weiden bieten. Kinder gedeihen gut innerhalb überschaubarer Grenzen, wo Eltern weder zu autoritär noch zu lasch sind. Sie werden sich gern ihrem Vater zuwenden, wenn sie angemessene Aufmerksamkeit und weise Anleitung ohne Gängelei erfahren. Eltern haben das Gebot, ihre Kinder nicht unnötig zu reizen. „Ihr Eltern, behandelt eure Kinder nicht ungerecht! Sonst fordert ihr sie nur zum Widerspruch heraus.

Eure Erziehung muss vielmehr in Wort und Tat von der Liebe zu Christus bestimmt sein" (Epheser 6,4; Hfa). Väter sind aufgefordert, diese Grenzen zu vermitteln. Es soll erkennbar sein, dass das aus Liebe, Annahme und Sorgfalt geschieht.

Einen Schutzraum schaffen

Die meisten Väter haben wohl den Eindruck, dass von ihnen erwartet wird, jederzeit den souveränen Helden zu spielen, der immer weiß, wo es langgeht. Vielen Männern fällt es schwer, Bedürfnisse zuzugeben und ihre Probleme wahrzunehmen. Darüber zu reden ist fast undenkbar, und Hilfe anzunehmen gilt bei vielen als ein Zeichen von Schwäche. Die Aufgabe, der Familie eine Zuflucht zu bieten, ist aber oft so umfassend, dass man(n) es unmöglich allein schaffen kann. Es ist eine Erleichterung, wenn man sich die Aufgabe teilen kann und mit „Mitstreitern" ein Team bildet. Wer das Glück hat, in einer (einigermaßen) intakten Gemeinde zu sein, sollte das für die Familie nutzen. Jugendgruppenleiter, Pastoren, Lehrer, Freunde der Familie – sie alle können miteinbezogen werden, um unseren Kindern und Jugendlichen Sicherheit und Geborgenheit zu geben. Meine Frau Dottie und ich sind froh darüber, dass wir mit unseren guten Freunden, den Days, so eine Gemeinschaft haben konnten, als unsere Kinder noch klein waren. Wir wohnten ziemlich nah beieinander. Wir hatten einzeln und als Familien viel Zeit füreinander. Wir fuhren zusammen in den Urlaub und bildeten Fahrgemeinschaften für die Kinder. Bei Ausflügen nahmen wir gegenseitig unsere Kinder mit. Das hatte Auswirkungen. Eines Tages sagte einer von Dicks Söhnen zu ihm: „Wenn du nicht mehr mein Papa wärst, würde ich auch Josh nehmen." Und als ich einmal Heather fragte, wer ihrer Meinung nach der beste Vater sei (außer mir, selbstverständlich!), war die Antwort prompt: „Dick." Es hat mich beruhigt, dass es außer mir noch einen Vater gab, an den sich meine Kinder im Notfall wenden konnten.

Auch den Kindern gibt es Sicherheit, wenn sie eingebunden sind in freundschaftliche Beziehungen außerhalb der eigenen Familie. Wenn Sie so etwas nicht haben, beginnen Sie daran zu arbeiten, dass Beziehungen wachsen. Laden Sie Familien ein, deren Kinder zu Ihren eigenen passen, und pflegen Sie diese Freundschaften. Beten Sie zusammen und fragen Sie Ihre Kinder, zu wem sie sich hingezogen fühlen. Zögern Sie nicht, andere Familien zu fragen, ob ihnen der Austausch der Kinder untereinander recht ist, und bieten Sie es zuerst an.

Anregungen zum Nachdenken und Tun und zum gemeinsamen Gespräch

1. Ist Gott wirklich Ihre Zuflucht? Wenn ja, warum? Welche Eigenschaften Gottes veranlassen Sie, sich an ihn zu wenden, wenn Sie in Not sind? Wie können Sie diese Eigenschaften in Ihrem eigenen Leben sichtbar machen?

2. *Treffen Sie mit jedem Ihrer Kinder in den kommenden zwei Wochen eine Verabredung, bei der Sie hauptsächlich zuhören. Sie könnten dabei folgende Fragen stellen:*
   „Worüber machst du dir zur Zeit am meisten Gedanken?"
   „Mit wem sprichst du am häufigsten, wenn dich etwas beschäftigt?"
   „Hast du den Eindruck, dass du gut mit mir reden kannst?"
   „Gibt es vielleicht Probleme, über die du auf gar keinen Fall mit mir reden würdest?"

3. *Suchen Sie sich ein bestimmtes Problem eines jeden Kindes aus und überlegen Sie, wie Sie ihm beistehen könnten.*

4. Gibt es andere Erwachsene im Bekanntenkreis Ihrer Kinder, mit denen sie reden würden, wenn es nötig wäre? Fragen Sie sie, wenn Sie es nicht wissen. Wenn das nicht der Fall ist, denken Sie mit Ihrem Kind darüber nach, wer sich eignen würde.

5. *Schreiben Sie auf ein Blatt Papier, was Sie unternehmen müssen, um eine geeignete Zuflucht für Ihre Kinder zu werden. Seien Sie gründlich und genau.*

Kapitel 9

Der Vater – der beste Freund

Der dreißigjährige Mike stand am Grab seines Vaters und kämpfte mit den Tränen. Viele Menschen hatten schon ihre Wertschätzung zum Ausdruck gebracht für einen Mann, der fünfunddreißig Jahre als Pastor gedient hatte, als er mit Anfang fünfzig seinem Krebsleiden erlag. Es war die Rede gewesen von seiner Liebe zu Gott und seiner Hingabe an die Menschen. Er war gewissenhaft in seinen Aufgaben, und seine Familie hatte ihn sehr geliebt. Alle Redner bezeugten das erfüllte Leben von Mikes Vater. Doch als Mike von seinem Vater sprach, sagte er Dinge, die nur ein Sohn von seinem Vater sagen konnte. Er sprach davon, wie er als kleiner Junge auf dem Schoß seines Vaters gesessen hatte, um eine Geschichte nach der anderen zu hören. Er hatte ihm das Radfahren beigebracht. Sie waren zusammen zum Angeln gegangen, und der Vater hatte kaum ein sportliches Ereignis versäumt, an dem sein Sohn beteiligt war. Der Schulabschluss und die Hochzeit des Sohnes waren zwei der wenigen Gelegenheiten, bei denen der Vater seine Gefühle für den Sohn offen zeigte. Zum Schluss kam Mike auf den langen Abschied am Krankenbett seines Vaters zu sprechen. „Er war mein bester Freund", sagte er mit erstickter Stimme, „und mehr noch als meinen Vater werde ich meinen besten Freund vermissen."

Vergleichen Sie diesen Nachruf mit den Erlebnissen einer Frau, die nach einem meiner Vorträge auf mich zukam. „Ich muss Ihnen etwas erzählen", begann sie zögernd. „Mein Mann ist vor kurzem gestorben. Er war der Vize-Präsident einer großen Baufirma und hat ein Vermögen verdient. Er ist in der ganzen Welt herumgereist und hat überall Bedeutendes in seinem Beruf geleistet, aber er hat sich nie Zeit für seine Kinder genommen, nicht mal, wenn er zu Hause war. Alle Kinder haben sich gegen ihn gewandt. Als sie erwachsen waren, wollten sie nichts mehr mit ihm zu tun haben. Auf seinem Sterbebett bekannte er mir, dass er als überaus trauriger Mann sterben werde. ‚Ich bin zwar zu Ruhm und Ehre gekommen, aber ich habe meine Familie dabei verloren‘, sagte er.“

Natürlich können Sie sich denken, welche Art von Nachruf ich mir wünschen würde. Mikes Vater ist mein Vorbild. Ich bin gern mit meinen Kindern zusammen. Ich freue mich, wenn sie zwischendurch anrufen, nur um sich mit mir zu unterhalten. Es ist eine Ehre für mich, wenn sie mich zu ihren Freunden rechnen. Das ist eine schwere Aufgabe für viele Männer. Vor ein oder zwei Generationen war es sogar noch schwieriger. Jerry Adler hat in der *Newsweek* über Väter der früheren Generationen geschrieben:

- Robert Blumenfeld, ein Geschäftsmann aus San Francisco, erinnert sich genau daran, wie oft sein Vater mit ihm Fußball gespielt hat – nämlich ein einziges Mal. Auch sein Kommentar zum Schulabschluss, den er mit Auszeichnung gemacht hatte, war ihm noch sehr lebhaft in Erinnerung. Er erzählte von einem *anderen* Achtzehnjährigen, der gerade einen 100.000-Dollar-Vertrag mit einer Baseball-Mannschaft abgeschlossen hatte.
- Dan Koenigshofer, Ingenieur bei einer bekannten Firma, sagte: „Ich kann mich nicht daran erinnern, von meinem Vater gehört zu haben, dass er mich liebt.“ Dennoch war er sich seiner Liebe sicher, aber die wortkarge Art vieler Männer dieser Generation ließ es oft nicht zu, positive Gefühle auszudrücken.
- David Weinstein, ein Harvard-Professor, weiß genau, wo sein Vater bei seiner Geburt vor zweiunddreißig Jahren war: in seinem Büro – wie immer. Damals schien es den meisten Männern vollkommen normal, ihren neugeborenen Sohn erst am nächsten Tag zu besichtigen.[1]

Die Zeiten haben sich geändert, aber viele von uns haben noch immer eine Fülle von unklaren und widersprüchlichen Vorstellungen über den idealen Vater. Viele meinen noch immer, der beste Vater sei ein zäher, starker Bursche, der immer weiß, wo es langgeht und der auf niemanden angewiesen ist. Andere glauben, der Vater hat das Geld heranzuschaffen, während die Mutter ausschließlich für die Kinder zuständig ist. Diese Art von Vätern würde es wahrscheinlich für ein Zeichen von Schwäche halten, Freunde ihrer Kinder sein zu wollen. Manche meinen, der Vater ist dazu da, autoritär über seine Frau und seine Kinder zu bestimmen, wobei er diese Meinung womöglich noch biblisch untermauert. Viele haben Angst vor Nähe und davor, Wärme zu zeigen oder Schwäche zu zeigen. Wieder andere haben die besten Absichten, wissen aber schlicht nicht, wie sie sich verhalten sollen, weil ihr eigener Vater ihnen keine gute Vaterrolle vorgelebt hat. Egal, wie die Umstände in unserer Kindheit waren: Wir haben ein brauchbares Vorbild für einen Vater als guten Freund, und das ist unser Vater im Himmel.

Der Vater im Himmel als unser Freund

Gottes Wesen und sein Charakter zeigen uns, was gut und richtig ist. Gott gibt uns ein Beispiel für vollkommene Vaterschaft, und er ist der Freund seiner Kinder. Seine Verfügbarkeit und sein Verlangen nach Freundschaft zu den Menschen werden in der Bibel ganz deutlich. Abraham wird immer wieder als „der Freund Gottes" bezeichnet. Aufgrund des Glaubens, den er in allen Situationen seines Lebens bewiesen hat, wurde er „Vater vieler Völker" genannt.[2]

„Hast du, unser Gott, nicht damals die Bewohner dieses Landes unseretwegen vertrieben? Hast nicht du es den Nachkommen deines Freundes Abraham für alle Zeiten geschenkt?"
(2. Chronik 20,7; Hfa)

„Israel, du bist das Volk, das mir dient. Dich habe ich erwählt. Du stammst von meinem Freund Abraham ab."
(Jesaja 41,8; Hfa)

„. . . Abraham glaubte Gott, und dadurch fand er seine Anerkennung. Ja, er wurde sogar ‚der Freund Gottes' genannt."
(Jakobus 2,23; Hfa)

Als die Israeliten in der Wüste die Stiftshütte bauten, stand eine Wolkensäule sichtbar am Himmel, wenn Mose mit Gott sprach.

Gottes Anwesenheit sollte für alle erkennbar sein. Die Bibel sagt dazu: „Der Herr sprach mit Mose von Angesicht zu Angesicht, wie Freunde miteinander reden" (2. Mose 33,11; Hfa).

Gott sprach zu Saul, dem ersten König der Israeliten, durch Samuel, den Propheten. Saul hatte das Anrecht auf die Krone verwirkt und Samuel verkündete die Herrschaft des zukünftigen Königs David. Dessen Freundschaft mit Gott wird in bewegenden Worten beschrieben: „Aber nun wird dein Königtum nicht bestehen. Der Herr hat sich einen Mann gesucht nach seinem Herzen, und der Herr hat ihn bestellt zum Fürsten über sein Volk; denn du hast das Gebot des Herrn nicht gehalten" (1. Samuel 13,14; L). Die Formulierung, mit der Samuel David beschreibt („ein Mann nach dem Herzen Gottes"), macht eine seltene, tiefe Beziehung deutlich; eine Nähe, wie sie nicht oft in der Bibel beschrieben wird.

Genau wie Abraham, Mose und David dürfen wir Gott als unseren „Freund" bezeichnen. Er sehnt sich danach, uns nahe zu sein. Er ist für uns da und will uns sein Wesen deutlich machen. Er kennt uns in- und auswendig und wünscht sich, dass wir ihn genauso gut kennen lernen. Er ist gern mit uns zusammen. Er freut sich über unser Lachen, genießt unsere Anbetung und hat Freude an unseren Erfolgen. Wir müssen uns klarmachen, dass es für Gott keinen Unterschied macht, ob er uns als Vater oder als Freund begegnet. Eins ist nicht wichtiger als das andere. Es gehört zu seinem Wesen, beides in einem zu sein. Ein Freund seiner Kinder zu sein, ist untrennbar mit Vaterschaft verbunden. Das wird für uns als Väter am ehesten zum Lebensstil, wenn wir uns täglich auf die Kraft des Heiligen Geistes verlassen und von ihm die Wegweisung für unsere Aufgaben als Vater erbitten.

Verfügbar sein

Nehmen wir an, Sie haben einen guten Freund, der einen großen Konzern leitet. Sie wollen ihn kurzfristig in einer dringenden Angelegenheit sprechen, die nur wenige Minuten dauern wird. Es ist Freitagnachmittag. Sie sind in seinem Büro und bitten seine Sekretärin, Sie anzumelden. „Es tut mir Leid", sagt sie, „er ist völlig ausgebucht bis Dienstag. Sie müssen dann noch einmal wiederkommen." Sie setzen Ihre freundlichste Miene auf: „Es wird wirklich nicht lange dauern. Nur eine Minute. Sagen Sie ihm bitte, dass ich hier bin." Die Sekretärin sagt ihrem Chef, wer ihn sprechen möchte, und Sie hören über die Sprechanlage die Antwort: „Ich möchte jetzt nicht gestört werden. Machen Sie einen Termin für nächsten Dienstag aus." Was würde da in Ihnen vorgehen? Welche Auswirkung hätte das auf Ihre freundschaftlichen Gefühle? Würden Sie denjenigen immer noch zu Ihren engsten Freunden rechnen? Oder würden Sie eher zu dem Schluss kommen, dass dieser Chef eine etwas andere Vorstellung von Nähe in Ihrer Beziehung hat als Sie? Genau so fühlen sich unsere Kinder, wenn wir nur selten Zeit für sie haben. Natürlich weiß ich, dass es Zeiten gibt, wo wir das, was wir gerade tun, nicht unterbrechen können. Wir können nicht alles stehen und liegen lassen, nur um alle Fragen unseres Dreijährigen zu beantworten oder mit unserem Ältesten Fangen zu spielen, wenn er gerade dazu Lust hat. Aber die meisten von uns könnten weitaus verfügbarer für ihre Kinder sein, als sie es sind, vorausgesetzt, sie bemühen sich darum.

Einmal war ich gerade fast zu Ende mit dem Manuskript eines Buches und hatte sogar schon den Abgabetermin überzogen, als Sean in mein Büro kam, um mir etwas zu sagen. Er war zu der Zeit etwa sieben Jahre alt. Bevor er überhaupt erklären konnte, worum es ging, schnitt ich ihm das Wort ab: „Nicht jetzt, Sean, ich muss das hier fertig bekommen." Mein enttäuschter Sohn hatte kaum das Zimmer verlassen, als Dottie erschien: „Mein Lieber, du wirst im Leben noch eine Menge knappe Termine haben, aber nicht mehr oft einen siebenjährigen Sohn, der dich einen Moment lang braucht." Sie hatte Recht, und ich wusste es. Ich legte meinen Stift beiseite, erhob mich aus meinem bequemen Stuhl und machte mich auf die Suche nach meinem Sohn. Das war eine der vielen Lektionen, die ich über Verfügbarkeit zu lernen hatte. Es sind nicht immer die besonderen Ereignisse, die Eindrücke hinterlassen. Die Bereitschaft da zu sein, wenn es nötig ist, prägt die Beziehung zu den Kindern ebenso. Oft steht der relativ geringe Aufwand an Zeit in keinem Verhältnis zu dem positiven Nutzen.

Offenheit zeigen

Kinder stehen im Alltag unter vielerlei Spannungen. Wenn die Erwachsenen in ihrer Umgebung ständig den Eindruck vermitteln, dass sie perfekt und unfehlbar sind, bestärken sie damit das Gefühl in ihren Kindern, untauglich und wertlos zu sein. Sie bekommen den Eindruck, dass etwas mit ihnen nicht stimmt. Mit „Halbgöttern" zusammenzuleben, kann sehr einschüchternd wirken! Unsere Kinder brauchen Beziehungen zu Erwachsenen, die in der Lage sind, sich mit ihren Fehlern und Schwächen angemessen mitzuteilen. Diese Art von Offenheit kann zuweilen angebracht und zuweilen unangebracht sein. Ein Vater, der ständig mit sich hadert, der seine eigenen Entscheidungen herabwürdigt und sich wiederholt als Versager bezeichnet, betreibt eine destruktive Offenheit. Er fördert eine geringe Selbstannahme bei seinen Kindern, die sie unsicher werden lässt. Sie erleben ihren Vater als unfähig und werden sich kaum an ihn wenden, wenn sie in Not sind.

Angemessene Offenheit sieht anders aus. Wenn der Vater von seinen eigenen Erlebnissen als Kind und Jugendlicher erzählt, erfahren die Kinder, was er von sich selbst hält, wie er sich als Mann sieht und wo er seinen Platz im Leben ausfüllt. Sie erleben seinen Umgang mit Misserfolgen und Versagen ebenso wie seine Reaktion auf Lob, Erfolg und Kritik. Sie sollten auch erleben, dass ihr Vater Gefühle hat und sie ausdrückt. Viele Männer lernen scheinbar mühelos, ihre Gefühle für sich zu behalten. Sie können sich nicht vorstellen, Tränen zu zeigen. Wenn sie lernen, sich zu überwinden und über ihre Erlebnisse zu reden, zu lachen und zu weinen, werden sie nicht nur zu sich selbst neuen Zugang finden, sondern auch die Freundschaft zu ihren Kindern (und ihrer Frau) vertiefen.

Fragen, die ein Gespräch in Gang halten

Ich achte sehr darauf, im Gespräch mit meinen Kindern Fragen zu stellen, durch die wir mehr voneinander erfahren. Ich stelle ihnen Fragen, wenn wir unterwegs im Auto sind, wenn wir irgendwo warten müssen oder am Tisch beim Essen. Das sieht zum Beispiel so aus:

„Was würdest du tun, wenn du unsere Familie verändern könntest?" (Stellen Sie diese Frage nur, wenn Sie auch die Antworten aushalten können!)

„Wenn du der Vater in dieser Familie wärst, was würdest du anders machen?" (Auch das ist eine Frage für starke Nerven.)

„Wann hattest du das letzte Mal richtig Spaß an dem, was du tatest?"

„Wann fühltest du dich das letzte Mal blamiert oder bloßgestellt?"

„Worüber hast du am meisten geweint?"

„Wann hast du dich Gott am nächsten gefühlt?"

„Was würdest du mit einer Million Mark anfangen?"

„Was würdest du Gott am liebsten fragen, wenn du ihn heute treffen könntest?"

„Wohin würdest du am liebsten reisen, wenn du es dir aussuchen könntest?"

Wir waren einmal auf der Rückfahrt von einem Zoobesuch mit der ganzen Familie. Um die ziemlich lange Fahrt abzukürzen, schlug ich ein Spiel vor. Jedes Kind sollte das Tier beschreiben, das ihm am meisten entspricht. Für die nächste halbe Stunde bekamen Dottie und ich sehr interessante Einblicke darüber, wie unsere Kinder sich selbst sahen. Katie war damals etwa dreieinhalb und sagte, sie würde gern ein Bär sein. „Warum?", fragte ich. „Bären sehen so kuschelig aus, und ich hab's gern kuschelig", antwortete sie. Bei der nächsten Gelegenheit hielt ich an, ging auf ihre Seite vom Auto und sie bekam eine „Bärenkuschel-Umarmung", bevor wir weiterfuhren.

Gemeinsame Interessen entwickeln

„Neulich habe ich fast einen ganzen Tag mit meinem Sohn verbracht, aber es hat ihm überhaupt nicht gefallen. Das ganze Unternehmen war ein Flop", berichtete mir ein Vater von seinem Versuch, die Beziehung zu seinem Sohn zu verbessern. „Was haben Sie denn in der Zeit gemacht?", fragte ich. „Also, ich spiele sehr gern Golf, und weil ich so selten dazu komme, habe ich ihn auf den Golfplatz mitgenommen. Es stellte sich heraus, dass er Golf total langweilig findet. Das war's dann wohl mit der Vater-Sohn-Beziehung." Wer auf diese Weise versucht, das Angenehme mit dem Nützlichen zu verbinden, darf sich über das Ergebnis nicht wundern. Etwas mehr Hineindenken in den Sohn und etwas weniger Zweckdenken und Bequemlichkeit hätten Vater und Sohn einander näher gebracht als diese Stunden des gegenseitigen Frusts. Gemeinsame Interessen schaffen Freundschaft. Sie haben ja auch Ihre Sportsfreunde, Ihre Sangesbrüder oder Ihre Kumpels vom Taubenzüchterverein, mit denen Sie etwas gemeinsam machen, weil sie dieselben Interessen haben.

Ein weiser Vater fängt früh damit an, Gemeinsamkeiten mit seinen Kindern zu fördern. Jemand, der seinen Kindern viele Geschichten vorliest, weckt ihre Liebe zu Büchern und zum Austausch von Gedanken und Ideen. Ich bin jedes Mal begeistert, wenn eins meiner Kinder mich auf ein Buch aufmerksam macht und dazu sagt: „Das musst du unbedingt lesen, Vati, es wird dir gefallen." Es ist nie zu spät, sich für das zu interessieren, was die Kinder fesselt. Vielleicht wird ja sogar ein gemeinsames Hobby daraus. Als Sean zehn Jahre alt war, begann er sich für Sportwagen zu interessieren, natürlich für Luxuskarossen wie Maseratis, Lamborghinis und Ferraris. Er begann Bilder dieser Autos aus Zeitungen auszuschneiden und sammelte alles dazu, was er finden konnte. Es war mehr als nur ein vorübergehendes Interesse. Da kam mir eines Tages eine Idee. Ich schickte einen Brief an mehrere Autohäuser in Beverly Hills, wo diese Nobelmarken ihre Niederlassungen hatten und erklärte: „Ich bin ein Vater, der sich unbedingt mehr Zeit für seinen Sohn nehmen möchte. Zur Zeit sind teure Sportwagen seine große Leidenschaft. Wäre es möglich, dass wir einmal zu Ihnen kommen, damit er eine kurze Probefahrt machen kann?" Ich habe jedes Mal deutlich gesagt, dass ich *kein* Auto kaufen will, doch erstaunlicherweise bekam ich keine einzige Absage. Ich rief an und machte die Termine fest, und eines Tages fuhren Sean und ich die 200 km nach Beverly Hills und verbrachten einen Tag in den Ausstellungsräumen der Autohäuser. Das war ein Tag! Sean machte zusammen mit den Verkäufern verschiedene „Probefahrten" in seinen Traumautos. Es war ein Erlebnis, sein Gesicht zu sehen, wenn er stolz auf dem Beifahrersitz zurück ins Autohaus rollte. Auf der Rückfahrt hatten wir die beste

Gelegenheit, über Dinge wie Reichtum und Materialismus zu sprechen. Noch wichtiger aber war, dass wir unsere Freundschaft vertieft hatten.

Manchmal ist besondere Mühe angebracht

Eines Tages kam eine Reporterin zu uns, um mich zu interviewen. Obwohl sie für eine christliche Zeitschrift arbeitete, wurde bald deutlich, dass sie nach etwas Negativem über mich suchte, womit sie ihren Artikel „würzen" könnte. Sie wandte sich an Sean, der damals acht Jahre alt war und bei dem Gespräch anwesend war. „Gibt es etwas, das du an deinem Vati überhaupt nicht magst?", fragte sie ihn. „Nein", antwortete Sean. Sie bohrte weiter, aber es kam nichts dabei heraus. Schließlich lächelte sie ihn an und versuchte es ein letztes Mal: „Es muss doch wenigstens *eine Sache* geben, die du an ihm ändern würdest." Endlich fiel Sean doch etwas ein: „Er ist ziemlich oft weg." Der Reporterin sah man an, dass sie froh war, doch noch fündig geworden zu sein. Als sie dabei war, sich zu verabschieden, bemerkte ich, dass es eine Sache der journalistischen Gründlichkeit wäre, Sean auch noch zu fragen, was ihm an seinem Vater gefällt. Sie versuchte, sich herauszuwinden, aber schließlich tat sie es doch. Seans Antwort kam prompt: „Er hat sehr viel Zeit für mich." Dieser offensichtliche Widerspruch verwirrte sie erheblich. Ich erklärte ihr, dass die Antwort meines Sohnes dem entsprach, was ich mir zum Ziel gesetzt hatte:

1. Meine Kinder vermissen mich, wenn ich unterwegs bin, d. h. ich bin nicht nur ein Randfaktor in dem Team Mutter/Kinder.

2. Sie sollen den Eindruck haben, dass ich Zeit für sie habe, wenn ich zu Hause bin.

Wie für so viele Männer, die beruflich oft unterwegs sind, ist es auch für mich schwierig, allen gerecht zu werden. Es gibt immer wieder Zeiten, wo einer oder mehrere Bereiche in meinem Leben zu kurz kommen. Aber ich habe große Anstrengungen unternommen, um

Zeit für die Kinder zu haben und einen kleinen Ausgleich zu schaffen. Wann immer es möglich ist, nehme ich eins der Kinder mit auf meine Reisen. Ich versuche meine Termine so zu legen, dass genug Zeit bleibt, um etwas allein mit ihnen zu unternehmen. Wenn ich unterwegs bin, versuche ich, regelmäßig zu Hause anzurufen und mit allen, die da sind, zu sprechen. Einmal hatte Sean ein wichtiges Basketball-Spiel, während ich in Russland war. Es gelang mir, ihn während der Halbzeit übers Handy anzurufen. Es war zwar nicht dasselbe, wie persönlich dabei zu sein, aber es hat ihm gezeigt, dass ich in Gedanken bei ihm bin. Wenn ich zurückkomme, nehme ich mir mit jedem Kind einzeln einige Zeit, um zu hören, wie es ihnen in meiner Abwesenheit ergangen ist.

Die Freunde der Kinder kennen lernen

Wir finden es sehr spannend, die Freunde unserer Kinder besser kennen zu lernen, und haben es gern, wenn sie bei uns sind. Dottie hat im Laufe der Zeit schon fässerweise Limonade verteilt und andere „Erfrischungen" bereit gehalten. Wenn es möglich ist, nehmen wir Freunde unserer Kinder auf Ausflügen mit oder laden sie zu Familienfesten ein. Ich lasse mich auch gern als Chauffeur einspannen, weil ich gemerkt habe, wie gut ich Jugendliche kennen lerne, wenn ich mich aufs Zuhören und den Blick in den Rückspiegel beschränke. Einmal fuhr ich Kelly und ihre Freundinnen zu einem Basketball-Spiel und konnte in aller Stille beobachten, wie sich Kelly in der „Öffentlichkeit" verhielt. Versuchte sie anzugeben? War sie übermäßig schüchtern? Bemühte sie sich, andere in ihre Gespräche mit einzubeziehen? Auf dem Rückweg spendierte ich für alle noch ein Eis und konnte meine „Studien" fortsetzen. Der Abend war für mich sehr unterhaltsam und dazu noch höchst aufschlussreich für mich als Vater, weil ich beobachten konnte, wie meine Tochter sich bei anderen verhält.

Traditionen entwickeln

Als unsere Kinder noch kleiner waren, hatten wir eine Gewohnheit, die manche unserer Freunde und Gäste etwas seltsam fanden. Egal, wer zu Besuch war oder ob irgendwelche Termine drängten: Wenn es Zeit war für meine Kinder, schlafen zu gehen, war ich bei ihnen. Wenn wir jemanden einluden, erklärten wir schon vorher, dass ich ab ca. 18:30 Uhr für ein Weilchen verschwinden würde. Wir verbreiteten auch in unserem Bekanntenkreis, dass ich zwischen 18:30 und 21:00 Uhr keine Telefongespräche entgegennehmen würde, weil ich in dieser Zeit beschäftigt war. Diese zweieinhalb Stunden gehörten mir und meinen Kindern. Manchmal gingen wir spazieren oder spielten auf dem Fußboden. Manchmal wurde ein Buch vorgelesen oder einfach nur über die Erlebnisse der letzten Tage miteinander gesprochen. Diese Aktivitäten wurden gelegentlich durch eine große Schüssel Popcorn unterstützt, sodass wir diese Zeiten in guter Erinnerung behalten.

Sie können beispielsweise mal eine „eiserne" Familienregel ausnahmsweise auf den Kopf stellen: Alle dürfen beim Essen eine Zeit lang nach Herzenslust schmatzen und schlürfen. Überraschungsideen dieser Art sind Sonnenschein und Wärme für jede Beziehung und natürlich besonders für die Familie. Egal, was Sie in Ihrer Familie an Traditionen oder Gewohnheiten ausmachen, die Hauptsache ist, dass alle ihren Spaß daran haben und dabei zu ihrem Recht kommen. Besser sind natürlich Unternehmungen, die Gespräche zulassen, weil dann Beziehungen wachsen können. Aber auch der Film, den die ganze Familie zusammen ansieht, kann Grundlage für einen guten Gedankenaustausch sein. Kinder, die immer wieder in anregende Familienaktivitäten eingebunden sind, können besser den Drucksituationen außerhalb der Familie begegnen. Sie sind standfester gegenüber schädlichen Versuchungen und sie wachsen im Glauben, weil sie in ihrem irdischen Vater einen Freund erleben, der ihnen den himmlischen Vater nahe bringt.

Anregungen zum Nachdenken und Tun
und zum gemeinsamen Gespräch

Betrachten Sie die folgenden Situationen. Fragen Sie sich: „Trifft das auf mich zu?" Die Antworten sollten Ihnen helfen, sich Ihre Beziehung zu Ihren Kindern bewusst zu machen.

1. Sie verlassen sofort nach dem Essen den Tisch, um die Zeitung zu lesen oder die Nachrichten im Fernsehen anzuschauen.
   Ja ☐   Nein ☐

2. Gelegentlich erzählen Sie Ihren Kindern von Ihrer eigenen Kindheit. Sie berichten von Schwierigkeiten und Unsicherheiten und wie Sie damit fertig geworden sind.
   Ja ☐   Nein ☐

3. Sie haben noch nie in der Gegenwart Ihrer Kinder geweint.
   Ja ☐   Nein ☐

4. Sie unterbrechen Ihre Arbeit immer, wenn Ihre Kinder Hilfe bei den Hausaufgaben brauchen. (Falls Sie zu Hause sind.)
   Ja ☐   Nein ☐

5. Ein Kind beginnt beim Essen von einem Erlebnis in der Schule zu erzählen. Sie wechseln bald darauf das Thema.
   Ja ☐   Nein ☐

6. Sie freuen sich darauf, wenn Sie Zeit für Ihre Kinder haben.
   Ja ☐   Nein ☐

7. Ihnen fällt nichts ein, was Sie als gemeinsames Interesse mit Ihrem Kind teilen.
   Ja ☐   Nein ☐

8. Sie haben wenigstens eine bestimmte Beschäftigung oder Aufgabe, die Sie mit jedem Ihrer Kinder ab und zu gemeinsam tun.
   Ja ☐   Nein ☐

9. Ihre Kinder haben keine Ahnung von Sorgen, Enttäuschungen oder Versagen, mit denen Sie sich in den letzten Wochen auseinander gesetzt haben.
Ja ☐ Nein ☐

10. Sie kennen die Namen der drei besten Freunde/Freundinnen Ihrer Kinder.
Ja ☐ Nein ☐

Auswertung:
Ja-Antworten bei ungeraden Zahlen machen deutlich, dass in diesen Bereichen Verbesserung nötig ist.
Ja-Antworten bei geraden Zahlen bedeuten, dass Sie mit sich zufrieden sein können.

Kapitel 10

Erzieher und Ermahner

 Als ich eines Morgens in die Küche kam, sah ich, dass Sean vergessen hatte, den Mülleimer zu leeren. Das gehörte eigentlich zu seinen täglichen Aufgaben, die er vor der Schule zu erledigen hatte. Er war aber schon unterwegs zur Schule. „Ich muss ihn zurückholen, damit er noch den Müll rausbringt", sagte ich zu Dottie. „Das kannst du nicht machen", antwortete sie, „in ein paar Minuten fängt der Unterricht an, und er bekommt sicher Ärger, wenn er zu spät kommt." „Ich denke, ich sollte es trotzdem tun", entgegnete ich. Ich fuhr zur Schule und fand Sean am Basketball-Korb, wo er sich noch ein wenig die Zeit vertrieb, bevor der Unterricht losging. Ich rief ihn zu mir und erklärte ihm, warum ich hier war. „Schwing dich bitte auf dein Fahrrad und fahre noch einmal nach Hause. Du hast vergessen, den Mülleimer auszuleeren." Sean protestierte: „Vati, in fünf Minuten klingelt es. Kann ich das nicht heute Nachmittag tun?" „Nein, mein Sohn, du hättest vor der Schule daran denken sollen. Bitte erledige das jetzt gleich." „Vati, könntest du das nicht für mich tun? Nur dieses eine Mal?" „Nein, mein Lieber, das ist deine Verantwortung." Mit hängenden Schultern trottete Sean zu seinem Fahrrad, nachdem er den Ball seinen Kameraden zugeworfen hatte. Als ich ihn wegfahren sah, hörte ich mein Gewissen sagen: *Was für ein Vater bist du eigentlich? Es hätte sicher nicht deine ganzen Erziehungsprinzipien ruiniert, deinem Sohn nur dieses eine Mal seine Aufgabe zu erlassen und es selbst zu tun, oder?* Als Sean dann seine Aufgabe erfüllt hatte und zur Schule zurückkam, war er über eine halbe Stunde zu spät. Der Klassenlehrer schickte ihn zum Rektor, dem er den Grund für seine Verspätung erklären musste. Der Rektor schrieb ihm eine Entschuldigung für das Klassenbuch und schickte ihn zurück in den Unterricht. Dann

rief er mich an. „Ich kann nicht glauben, was mir Sean gerade erzählt hat", sagte er. „Ich habe ihm selbst eine Entschuldigung geschrieben, weil ich so davon beeindruckt war, dass es noch Eltern gibt, die Verantwortung erwarten. Unsere Arbeit wäre einfacher, wenn wir das öfter erleben würden."

Als das Gespräch beendet war, ging es mir besser. Bis dahin hatte ich mich wie ein Sklaventreiber gefühlt, der seine Untergebenen schikaniert, weil ich wegen einer Mülltüte so einen Aufstand gemacht hatte. Die Reaktion des Schulleiters ließ mich hoffen, dass ich doch richtig gehandelt hatte. Niemand möchte sich seinen Kindern gegenüber wie ein Scheusal aufführen oder als Diktator gelten. Ich wollte in Seans Augen auch nicht nur rechthaberisch erscheinen. Aber es war mir wichtig, ein Zeichen zu setzen, dass ich es ernst meine, wenn es um Aufgaben und Verantwortung geht. Auch bei so relativ unbedeutenden Dingen wie dem Raustragen des Mülls. Unser Vater im Himmel meint es auch ernst mit seinen Zusagen an uns.

Wie unser himmlischer Vater erzieht

Gott ist gut. Er ist ein liebender und vollkommener Vater. Seine Absichten und seine Taten sind nie böse oder lieblos. Dennoch muss er seine Kinder erziehen. Er straft nicht etwa *trotz* seiner Liebe und Güte, sondern gerade *auf Grund* seiner Liebe und Güte. Sein mahnendes Eingreifen ist nicht ein Zeichen seiner Unvollkommenheit, sondern wir sind es, die in unserer Schwachheit seine Anweisungen nötig haben. Die Bibel macht an vielen Stellen deutlich, dass unser Vater ein Vater ist, der ermahnt. „Daran könnt ihr erkennen, dass der Herr, euer Gott, es gut mit euch meint. Er erzieht euch wie ein Vater seine Kinder" (5. Mose 8,5; Hfa). „. . . denn darin zeigt sich seine Liebe. Wie ein Vater den Sohn erzieht, den er liebt, so erzieht dich auch der Herr" (Sprüche 3,12; Hfa). Ein Vater, der seine Kinder mit Weisheit und Verständnis ermahnt und sie konsequent erzieht, spiegelt das Wesen und den Charakter Gottes wider. Deshalb lobt die Bibel auch die Väter, die sich an diese Art von Erziehung halten (Sprüche 29,17), und sagt denen, die zu nachsichtig sind, nicht viel Gutes voraus (1. Samuel 2,22; 1. Könige 1,1–53).

Der Autor des Hebräerbriefes beschreibt recht ausführlich die Erziehungsweise Gottes: „Mein Sohn, wenn der Herr dich zurechtweist, dann sei nicht entrüstet, sondern nimm es an, denn darin zeigt sich seine Liebe. Wie ein Vater seinen Sohn erzieht, den er liebt, so schlägt der Herr jeden, den er als Kind annimmt. Wenn ihr also leiden müßt, dann will euch Gott erziehen. Es zeigt, daß ihr wirklich seine Kinder seid. Welcher Sohn wird von seinem Vater nicht streng erzogen und auch einmal bestraft? Viel schlimmer wäre es, wenn Gott euch anders behandeln würde. Dann nämlich wärt ihr gar nicht seine rechtmäßigen Kinder. Außerdem: Haben uns nicht auch unsere leiblichen Väter gestraft, und wir haben sie trotzdem geachtet? Wie viel mehr müßten wir dann die Erziehung unseres göttlichen Vaters annehmen, der uns ja für das ewige Leben erzieht. Unsere leiblichen Väter haben uns eine bestimmte Zeit erzogen, wie sie es für richtig hielten. Gott aber weiß wirklich, was zu unserem Besten dient. Wir sollen ihm als seine Kinder ähnlich werden. Nun freut sich allerdings niemand darüber, wenn er gestraft wird; denn Strafe tut weh. Aber später wird sich zeigen, wozu das alles gut war. Wer auf diese Weise den Gehorsam lernte, der hat gelernt, im Frieden Gottes und nach seinem Willen zu leben" (Hebräer 12,5–11; Hfa).

Gottes Erziehung hat Achtung, Frieden und Gerechtigkeit zur Folge. Das wünsche ich mir für meine Kinder! Ich hoffe und bete, dass sich diese Haltung in ihnen festigt. Mit Gottes Hilfe soll sich sein Charakter in meinem Handeln widerspiegeln, damit sie das Wissen über Gottes Wesen an die nächste Generation weitergeben können. Ich möchte meine Kinder nie aus Wut oder Überheblichkeit bestrafen, sondern so, wie Gott es mit mir tut: aus Liebe (Hebräer 12,6). Ich erziehe sie mit Sorgfalt, nicht damit *ich* es leichter habe, sondern um *ihretwillen* (Hebräer 12,1). Wenn Ermahnung nötig ist, dann nicht, um meine Überlegenheit und Stärke zu demonstrieren, sondern weil Gott auch in mein Leben eingreift, um mich zu dem Ziel zu bringen, das er mit mir hat.

Erziehungsstile

Die meisten Eltern verhalten sich mehr oder weniger im Rahmen der folgenden Erziehungsstile:

- Der autoritäre Erziehungsstil: „Wir machen es so, wie *ich* es sage, sonst passiert was!"
- Der nachgiebige, überbehütende Erziehungsstil: „Alles, was du tust, ist in Ordnung."
- Der vernachlässigende, laissezfaire Erziehungsstil: „Es ist mir egal, was du machst."
- Der beziehungsorientierte Erziehungsstil: „Ich höre dir zu." „Du bist mir wichtig." „Ich möchte dich verstehen." „Der Grund, warum wir das so machen, ist folgender . . ."

Jeder dieser Stile macht deutlich, wie Eltern mit Autorität umgehen. Der autoritäre Vater ist der absolute Herrscher über seine Familie. Er erwartet, dass seine Entscheidungen ohne Widerrede akzeptiert werden. Eltern, die ihre Macht über Kinder missbrauchen, legen ihnen gewöhnlich viele und strenge Regeln auf, aber sie werden ohne Liebe eingefordert. Viele dieser Eltern geben ihren Kindern – aus ihrer Sicht zumindest – ein „gutes Zuhause", in dem es an nichts fehlt. Genug Geld, gute Manieren, die „richtige" Kleidung. Für alles ist gesorgt, doch was fehlt, ist liebevolle Annahme, Humor und Ermutigung. Die Kinder reagieren auf dieses Verhalten gewöhnlich auf zwei Arten: mit Rebellion oder mit Flucht oder mit beidem. Flucht kann in diesem Fall der Rückzug ins Innenleben bedeuten. Die Kinder sind zwar äußerlich angepasst, haben gelernt zu gehorchen und spielen nach außen hin mit. Innerlich befinden sie sich in ständiger Auflehnung. Wenn Kinder sich für die Rebellion entscheiden, zeigen sie ihre Auflehnung offen, und die Eltern bekommen diese ständig zu spüren. Solche Kinder nörgeln und widersprechen bei jeder Gelegenheit. Sie greifen ihre Eltern verbal oder sogar körperlich an. Ein Vater, der lediglich Regeln aufstellt, ohne eine herzliche Beziehung zu seinen Kindern aufzubauen, legt damit die Grundlage für lebenslange Auflehnung seiner Kinder gegen sich. Tragischerweise wird er sich dessen meist erst zu spät bewusst.

Wie sieht Ihr Erziehungsstil aus?

1. *Autoritär*: Strenge Regeln und Kontrolle, wenig Ermutigung und Unterstützung.

2. *Überbehütend*: Viel Unterstützung, wenige Grenzen.

3. *Vernachlässigend*: Wenige oder keine Regeln, keine Unterstützung. Das Kind entscheidet weitgehend selbst.

4. *Beziehungsorientiert*: Ausgewogenheit zwischen Grenzensetzen und Unterstützung.

Eine Studie über die Beziehung heranwachsender Kinder zu ihren Eltern zeigte, dass Kinder, die übermäßig autoritär erzogen wurden, häufig feindselig gegenüber ihren Eltern werden. Sie haben eine starke Abneigung gegen ältere Leute im Allgemeinen und entwickeln antisoziale Verhaltensweisen und werden durch Lügen, Diebstähle, Schlägereien und Vandalismus auffällig. Sie beginnen, traditionelle Werte zu verachten und haben es zunehmend schwerer, positive Beziehungen zu anderen Menschen (und zu Gott) aufzubauen und zu behalten.

Das andere Extrem ist der Vater, der alles entschuldigt und es vor lauter Verständnis an der nötigen Disziplin fehlen lässt. Kinder übervorsichtiger, überbehütender Eltern neigen dazu, ihre Eltern ständig auf Trab zu halten: „Wenn ihr nicht . . . tut, dann werde ich . . .“ Jüngere Kinder, die dieser Methode ausgesetzt sind, weigern sich, Mittagsschlaf zu halten oder zu festgesetzten Zeiten zu essen. Sie lernen schnell, Wutanfälle und Schreien als Mittel einzusetzen, mit dem sie ihr Ziel erreichen. Die Erziehungsversuche der Eltern werden damit nach und nach außer Kraft gesetzt. Ältere Kinder benehmen sich ihren Eltern gegenüber zunehmend respektloser. Sie kommen und gehen, wann sie wollen und halten keine Absprachen mit den Eltern ein. Sie erwarten, von den Eltern bedient und mit allem versorgt zu werden – zu ihren eigenen Bedingungen und Zeitpunkten natürlich. Man sollte annehmen, dass diese Kinder zufrieden und glücklich sind, denn sie bekommen weitgehend alles, was sie wollen, sowohl an Zuwendung als auch an materiellen Dingen. Bezeichnenderweise sind sie aber ebenso unausgeglichen und mit Defiziten behaftet, wie Kinder aus autoritär erziehenden Familien. Bei beiden Methoden fehlt ein gesunder Ausgleich zwischen liebevollem Gewährenlassen und festen Regeln und Grenzen.

Beide Gruppen von Kindern wenden sich von den Wertvorstellungen ihrer Eltern ab und wollen auf keinen Fall so werden wie sie. Sie stehen in der Gefahr, sich auf schädliche Dinge wie Drogen und Alkohol einzulassen oder suchen viel zu früh Sicherheit und Orientierung in intimen Beziehungen.

Väter, die in ausgeglichener Weise Liebe und Grenzen vermitteln wollen, müssen darauf achten, dass sie mit ihren Kindern im

Gespräch bleiben. Die Kinder sollen wissen, was von ihnen erwartet wird und wo sie die Freiheit haben, selbst zu entscheiden. Wenn sie sicher sein können, dass sie geliebt sind, steigert das ihr Wertgefühl. Wenn sie die Grenzen kennen, gewinnen sie Sicherheit und müssen nicht dauernd selbst entscheiden, wie weit sie gehen sollen. Feste Regeln bringen Ruhe in einen Familienalltag, der sonst immer wieder in Gefahr ist, aus den Fugen zu geraten. Kinder reagieren im Allgemeinen positiv auf Regeln, vorausgesetzt, die Beziehungen stimmen. Auch hier haben wir wieder ein Vorbild in unserem himmlischen Vater. Er hat Regeln für seine Kinder festgelegt. Wir haben die Zehn Gebote als Richtschnur. Aber diese Gebote wurden erst für alle Menschen verbindlich aufgeschrieben, nachdem Gott schon über viele Generationen eine Beziehung zu den Menschen aufgebaut hatte. Im Paradies gab es nur ein einziges Gebot: „Du sollst nicht essen vom Baum der Erkenntnis von Gut und Böse."[1] Danach offenbarte sich Gott seinem Volk viele Jahrhunderte lang und baute eine enge Beziehung zu seinen Kindern auf. Erst dann wurden die Gesetze auf dem Berg Sinai aufgeschrieben.

Solch ein Vater möchte ich auch sein. Aber ich habe es oft versucht und oft genug versagt. Aber der Vater, den ich als Vorbild habe, ist ein vorbildlicher Vater, der mir dabei helfen kann, wenn ich mich auf ihn und die Leitung des Heiligen Geistes verlasse und ein paar hilfreiche Regeln beachte.

Korrektur und Ermahnung – aber im Rahmen einer Beziehung

Am wirksamsten ist Korrektur, wenn sie eingebettet ist in eine lebendige, liebevolle Beziehung zu dem Kind. Wenn eine kritische Auseinandersetzung in Sicht ist, stelle ich zuerst eine positive Frage, um eine Grundlage zu haben. Ich kann dann eher mit einer positiven Reaktion auf meine Ermahnungen rechnen. Ich frage: „Du weißt, das ich dich lieb habe, oder?" Wenn ich so eine oder eine ähnliche Frage stelle, begegne ich dem Kind nicht mit dem Gewicht meiner Autorität, sondern spreche erst einmal unsere gegenseitigen Gefühle füreinander aus.

Einmal sprach ich auf den Philippinen vor einer großen Gruppe von Pastoren und hauptamtlicher Mitarbeiter. Viele von ihnen blieben hinterher noch zum Gespräch zurück. Die Hauptprobleme, um die sich die meisten Fragen drehten, lassen sich in dem zusammenfassen, was mir einer der Pastoren erzählte. Er sagte, dass seine Familie sich gegen ihn gewandt hätte. Seine drei Kinder im Alter von siebzehn, dreizehn und zehn Jahren galten als die schlimmsten Kinder der Gemeinde. Alle drei leisteten massiven Widerstand und waren auf die eine oder andere Art auffällig. Er wollte von mir wissen, wie er damit umgehen sollte. „Hören Sie auf, Regeln aufzustellen", sagte ich ihm. „Was?", antwortete er ungläubig, „das ist ja gerade das Hauptproblem. Sie halten sich an keine Regeln. Sie sehen nicht mal ein, dass sie welche brauchen!" „Ich weiß, was Sie meinen", entgegnete ich, „aber ich wiederhole: Legen Sie nicht so viel Wert auf Regeln und Gehorsam, sondern arbeiten Sie an der Beziehung zu Ihren Kindern. Suchen Sie ihre Nähe und hören Sie ihnen zu. Im Moment haben Sie sowieso nichts mehr zu verlieren."[2]

Ganz gleich, in welchem Alter Ihre Kinder sind: Es ist nie zu spät, an einer engeren Beziehung zu ihnen zu arbeiten. Ich erinnere mich an eine Frau aus Portland, deren vier erwachsene Kinder sich gegen sie gewandt hatten und ihr damit viel Kummer machten. Dick Day und ich hatten in einer Vortragsreihe über die Heilung von Beziehungen gesprochen. Sie ging nach Hause und begann, das Gehörte anzuwenden. Wir trafen sie nach fünf Jahren wieder, und sie berichtete, dass sie zu zweien ihrer Kinder die alte Nähe wieder herstellen konnte. Unter Tränen erklärte sie, dass Aufmerksamkeit, Liebe und Verständnis die Wendung herbeigeführt hätten.

Regeln deutlich erklären

Ein bekannter Familienpsychologe sagt, dass erfolgreiche Eltern klar und deutlich sagen, was sie erwarten. Sie reden nicht um den heißen Brei herum. Sie verlegen sich nicht auf betteln, drohen oder eine so genannte „Bonbonpädagogik". Sie sagen ihren Kindern klipp und klar, was sie dürfen und was nicht, und was sie tun *müssen*, egal, ob es ihnen gefällt oder nicht.[3] Genauso wie eine eingezäunte Weide den Schafen hilft, sich sicher zu fühlen, so helfen den Kindern klare Regeln, die mit Liebe und Verständnis gegeben werden, sich zurechtzufinden.

Über (hoffentlich) erfolgreiche Elternschaft gibt es tonnenweise Literatur. Der eine Fachmann vertritt eine Meinung, doch der nächste widerspricht entschieden. Ich habe den besten Rat in einem der Briefe des Paulus gefunden, in dem es heißt: „Ihr Eltern, behandelt eure Kinder nicht ungerecht! Sonst fordert ihr sie nur zum Widerspruch heraus. Eure Erziehung muss vielmehr in Wort und Tat von der Liebe zu Christus bestimmt sein" (Epheser 4,6; Hfa). Am sichersten kann ein Vater seine Kinder zu Widerspruch und Rebellion reizen, wenn er unklare Anweisungen gibt oder übersieht, dass bereits die nächste Entwicklungsstufe dran ist und die Grenzen zu eng werden. Er sagt etwa seiner Tochter: „Ich erwarte, dass du zu einer angemessenen Zeit zu Hause bist." Die Frage ist: Was ist „angemessen"? Eine Siebzehnjährige findet ein Uhr nachts durchaus angemessen, während der Vater sich womöglich auf elf Uhr fixiert hat und daher um ein Uhr an der Decke kreist. Es ist viel besser, die Uhrzeit klar und deutlich festzulegen, dann aber auf Pünktlichkeit zu bestehen, oder aber die Zeit von vornherein offen zu lassen. Wenn Sie Ihrem Teenager den Auftrag geben, den Müll auszuleeren, ist es besser, konkret zu sein: „Der Eimer sollte jeden Morgen, bevor du zur Schule gehst, geleert werden." Anstatt zu sagen: „Räum endlich dein Zimmer auf", ist es wirksamer zu sagen: „Bring bitte vor dem Abendessen dein Zimmer in Ordnung. Dazu gehören auch Staubwischen und saugen." Deutliche Kommunikation mit klar formulierten Erwartungen hilft Vätern, Freiräume zu schaffen, in denen die Kinder selbstständig agieren können. Sie lernen auch, die Grenzen der anderen zu respektieren, und es gibt weniger Gelegenheiten für Missverständnisse.

Falsches Verhalten nicht überbewerten

Wenn ein Kind sich auffällig verhält, ist das oft ein Schrei nach Aufmerksamkeit. Es ist natürlich nicht angebracht, kindlichen Ungehorsam zu ignorieren, aber welche Reaktion ist die geeignete? Was erlebt Ihr Kind bei Ihnen, wenn es sich danebenbenimmt? Gelingt es ihm, Sie zum Schreien zu bringen? Laufen Sie vor Wut rot an? Hat er oder sie bestimmte Tricks, die Sie garantiert zum Ausrasten bringen? Wenn dem so ist, lernt Ihr Kind gerade, dass Ungehorsam der sicherste Weg zu elterlicher Zuwendung ist. Gelingt es Ihnen aber, mit ruhiger Stimme, ohne lange Predigten oder Wutausbrüche auf die Situationen zu reagieren, lernt das Kind vielleicht, dass seine Auftritte nicht lohnen. Eine einfache Reaktion ist es, dem Kind zu sagen, dass sein Verhalten nicht geduldet wird und es eine Weile vom Rest der Familie oder dem Ort des Geschehens zu entfernen. Wenn das Publikum fehlt, ist Auffallen langweilig. Ein Kind, das sich dieser Aufforderung widersetzt und nicht in seinem Zimmer (oder vor der Tür) bleiben will, hat schon ein tieferes Problem mit seinen Eltern, dem entsprechend begegnet werden muss. Festigkeit und Konsequenz bei Eltern, die in so geladenen Situationen nicht gleich weich werden, „weil das Kind leidet", sind gute Strategien, um das Feld abzustecken. Sogar der gute alte Stuhl in der Ecke, auf dem das Kind Zeit hat sich zu besinnen, hat seinen erzieherischen Wert – nur bei kleinen Kindern natürlich.

Mir ist klar, dass in vielen Fällen mehr nötig ist als ein paar einfache Hinweise. Machen Sie sich immer wieder klar, dass Kinder Fehler machen werden und sich unmöglich benehmen, einfach weil sie Kinder sind. Sie leben auf einer anderen Wellenlänge als Erwachsene. Machen Sie es sich zum Ziel, Ungehorsam und schlechtes Benehmen nicht dauernd zum Hauptthema Ihrer Gespräche zu machen. Betonen Sie die guten Seiten ihres Charakters und loben Sie, was gut läuft. Wo es geht, seien Sie dabei, wenn die Kinder etwas gut bewältigt haben, und freuen Sie sich gemeinsam mit ihnen darüber.

Vorausplanen

Viele Väter machen sich ihre Erziehungsaufgabe schwerer als nötig, weil sie im Bereich disziplinarischer Maßnahmen nicht vorausplanen. Familientherapeut John Redmond sagt dazu: „Erfolgreiche Eltern warten nicht erst, bis Probleme auftauchen, um dann hektisch nach Lösungen zu suchen."[4] Angenommen, Ihre Tochter ist eine Stunde nach der verabredeten Zeit immer noch nicht zu Hause. Falls Sie sich nicht schon in ruhigen Zeiten eine Reaktion für diesen Fall überlegt haben, werden Sie wahrscheinlich kurz vor dem Überkochen sein, wenn sie dann endlich in der Tür erscheint. Ihre Reaktion fällt dann womöglich etwas lächerlich aus und gibt dem Nachwuchs Gelegenheit, sich über „die Alten" zu mokieren. Wenn aber Regeln und Sanktionen beiden Seiten schon vorher bekannt sind, laufen die Verhandlungen ruhiger und ohne Gesichtsverlust.

Wenn Ihr Vierjähriger mehrmals im Supermarkt seine Wutanfälle bekommen hat – und Sie ebenso –, werden Sie beim nächsten Mal *vorher* überlegen, was zu tun ist und nicht darauf hoffen, dass das das letzte Mal war. Drei- bis Vierjährige sind schon sehr gut in der Lage, sich auf Verhandlungen einzulassen und die Folgen ihres Handelns zu überblicken. Sie gehen auch als Eltern das nächste Mal gelassener einkaufen, wenn Sie wissen, wie Sie reagieren werden, falls der Fall X eintritt.

Ein befreundeter Pastor berichtete über die Situation in seiner Familie, als einer seiner Söhne siebzehn war. Er und seine Frau vermuteten, dass die Beziehung zu seiner Freundin schon weit über Küssen und Händchenhalten hinausgegangen war. Sie versuchten vorsichtig und liebevoll, mit ihrem Sohn darüber zu sprechen, aber er versicherte immer wieder, dass sie sich umsonst sorgten. Die Eltern waren aber nicht überzeugt und besprachen miteinander, wie sie reagieren würden, wenn sich ihre Annahme bestätigen sollte oder wenn das Mädchen schwanger werden würde. Nur ein paar Wochen später saßen die beiden in ihrem Wohnzimmer und berichteten unter Tränen, dass die Freundin des Sohnes schwanger sei. „Natürlich war das für uns alle eine sehr schwierige Situation", sagte der Vater, „aber ich war sehr froh, dass ich mit meiner Frau schon über diese Möglichkeit gesprochen hatte. Sicher hätte ich sonst geschrien oder Dinge gesagt, die ich hinterher bereut hätte. Weil wir vorbereitet waren, konnten wir auf eine halbwegs vernünftige Art reagieren, ohne zu sehr zu verletzen." Nicht jede Situation ist so dramatisch, aber es ist auf alle Fälle eine Hilfe, sich vorher Gedanken zu machen, wo es kritisch werden könnte, und eine mögliche Reaktion zu überlegen. Das hilft in leichten *und* schwierigen Fällen.

Natürliche Folgen beachten

Ich glaube, dass in der Bibel zwei Arten der konsequenten Erziehung beschrieben werden. Eine davon befasst sich mit den „natürlichen Folgen". Das Gleichnis vom Verlorenen Sohn ist ein ausgezeichnetes Beispiel dafür, wie natürliche Folgen zur Einsicht bringen können. Der junge Mann in der Geschichte hatte beschlossen, von zu Hause auszuziehen und das Leben zu genießen. Er verlangte, dass sein Vater ihm seinen Anteil am Erbe auszahlte. Der Vater konnte sich denken, was geschehen würde, aber er gab ihm das Geld trotzdem. Er ließ zu, dass sein Sohn ein paar Dinge des Lebens auf die harte Art lernen sollte: durch natürliche Folgen. Genauso entwickelten sich die Dinge dann auch. Der Junge gab das Geld mit vollen Händen aus. Er verlor seine Arbeit und seine Freunde und endete in einem Stall, wo er sich das Essen mit den Schweinen teilen musste. Erst dann, sagte Jesus, kam er zur Vernunft (Lukas 15,17). Die natürlichen Folgen seines Handelns wirkten weit mehr als alle Vorhaltungen des Vaters, die der Sohn *vorher* sowieso nicht geglaubt hätte. Der junge Mann entschloss sich dann, zu seinem Vater zurückzukehren. Er wurde angenommen und geliebt wie zuvor, ja, sogar noch mehr (Lukas 15,11–32). Es ist erstaunlich, dass der Vater ihn gehen ließ und ihm sogar noch sein Vermögen gab, obwohl er ahnte, was damit geschehen würde. Viele Väter würden vielleicht ihre Söhne ziehen lassen, aber ihnen sicher keine großen Geldsummen zum Verschleudern dazugeben. Anscheinend waren dem Vater des Verlorenen Sohnes die tiefen, prägenden Lebensweisheiten, die sein Sohn lernen würde, wichtiger als der Verlust des Geldes.

Dick Day berichtet in einem seiner Bücher über ein Beispiel, wie sein eigener kleiner Sohn eine wichtige Lektion gelernt hat. „Wir hatten in unserem Haus einen offenen Kamin, der für Jonathan jederzeit erreichbar war, und ich machte mir viele Sorgen darum, dass er ihm irgendwann mal zu nahe kommen könnte. Eines Abends saßen wir beim Essen und hatten Kerzen auf dem Tisch. Jonathan wollte sie anfassen, aber Charlotte wollte das natürlich verhindern. ‚Lass es ihn ruhig versuchen‘, sagte ich. Natürlich zog er sofort den Finger zurück und schrie auf. Er hatte sich nur wenig verbrannt, aber er hatte gelernt, dass Feuer heiß ist. Von da an war er vorsichtig. Manche würden sagen, dass es brutal ist, ein Kleinkind in so einer Situation nicht zurückzuhalten und den Schmerz in Kauf zu nehmen. Aber mir ist es lieber, er lernt durch eine *kleine* Flamme, was Feuer anrichtet, als durch einen großen Kamin.“[5]

Logische Folgen ertragen

Die andere Art Erziehung, die in der Bibel erwähnt wird, befasst sich mit den logischen Folgen des Handelns. Das bedeutet: Die Eltern legen gemeinsam mit dem Kind fest, was geschehen wird, wenn Absprachen nicht eingehalten werden, wenn Aufgaben nicht getan werden, oder – bei kleinen Kindern – was die Folgen bei Ungehorsam sein können. Zum Beispiel: „Wenn du dein Essen nicht aufisst, gibt es keinen Nachtisch.“ Oder: „Wenn du nicht ordentlich für den Hund sorgst, kannst du auch kein Essen bekommen.“

Den Präzedenzfall für logische Folgen haben wir im Garten Eden gesehen. Gott stellte alles zur freien Verfügung. Er hatte nur verboten, vom Baum der Erkenntnis von Gut und Böse zu essen. Gott sagte Adam und Eva, wenn sie davon essen würden, hätten sie die logischen Folgen zu tragen: Sie würden sterben (1. Mose 2,15–17). Wie wir wissen, aßen Eva und Adam doch von dem Baum, und die Konsequenzen waren gravierend. Sie waren seitdem dem körperlichen Tod ausgeliefert, Schmerzen bei der Geburt und mühselige Arbeit bestimmten fortan ihr Leben. Sie mussten das Paradies verlassen (1. Mose 3,1–19). Gott hatte vorher die Bedingungen genau festgelegt und die Grenzen gesetzt, in denen sich Adam und Eva frei bewegen konnten. Mit ihrer Entscheidung, diese Grenzen zu übertreten, waren auch die Folgen unvermeidlich.

Noch einmal ein Beispiel aus Dicks reichem Schatz von erzieherischen Erfahrungen: „Als mein ältester Sohn, Dick junior, seinen Führerschein bekam, legten wir fest, was geschehen würde, wenn er bei irgendwelchen Verkehrsübertretungen erwischt würde. Er sollte das Bußgeld selbst bezahlen und wäre für dreißig Tage seine familieninterne Fahrerlaubnis los. Ich erinnere mich gut an den Tag, als er bedrückt nach Hause kam und sagte: ‚Vati, ich habe einen Strafzettel bekommen.' Ich weiß nicht, was mein Sohn erwartet hatte, aber meine einzige Reaktion war: ‚Wo sind die Autoschlüssel?' Dick gab mir die Schlüssel. Er bezahlte die Strafe und fuhr einen Monat lang nicht mit dem Auto. Er bekam keine Strafpredigt und hörte keine Kommentare wie: ‚Warum hast du denn nicht besser aufgepasst?' Die logischen Folgen waren schon besprochen, und Dick wusste, dass er die Praxis dessen erlebte, was gemeinsam beschlossen worden war." [6]

Mit dieser Methode ersparen sich Eltern lange Diskussionen, ärgerliche Auftritte und zerstörenden Streit. Es kann sehr befreiend für beide Seiten sein, wenn der Vater nicht mehr Richter, Polizist oder Rächer sein muss. Er muss nur durchsetzen, was der Jugendliche als Folge seines Handelns selbst gewählt hat.

Nicht „weich" werden

Als Kelly in der achten Klasse war, rief sie uns eines Abends an. Sie war auf einer Party bei einem Klassenkameraden und wollte unbedingt über Nacht dort bleiben. Ich hörte erst mal zu und stellte dann einige Fragen. Kelly gab zu, dass auch einige Jungen über Nacht bleiben würden und dass sie nicht garantieren könne, dass *kein* Alkohol im Spiel sein werde. Sie nannte auch einige Namen derjenigen, die ebenfalls länger bleiben wollten. Es war ein Junge dabei, von dem bekannt war, dass er meistens Alkohol dabeihatte, obwohl er wie Kelly erst vierzehn war. Nachdem ich mir alles angehört hatte, sagte ich: „Nein, Kelly. Es bleibt dabei. Komm bitte um zehn nach Hause, wenn die Party zu Ende ist." In der nächsten halben Stunde rief Kelly noch dreimal zurück. Einmal begann sie zu weinen, und ich erfuhr auch, was dahinter steckte. Drei oder vier der anderen Mädchen wollten ebenfalls über Nacht bleiben. Sie würden aber nur die Erlaubnis ihrer Eltern bekommen, wenn Kelly McDowell bleiben dürfte. Offensichtlich war Kelly ziemlich unter Druck geraten. Sie begann zu erklären, dass wir uns keine Sorgen zu machen brauchten: Die Eltern seien im Haus und es blieben auch noch viele andere Jugendliche da. Niemand könne sich irgendwo zu zweit verkriechen. Ich hatte den Eindruck, dass Kelly für ihr Gespräch von den anderen „Munition" bekommen hatte. Trotzdem blieb ich bei meiner anfänglichen Entscheidung. „Du solltest nach Hause kommen, Kelly." Ihr Schluchzen blieb mir noch im Ohr, nachdem ich aufgelegt hatte. Es tat mir Leid, sie enttäuscht zu haben, aber ich war mir ziemlich sicher, dass es die richtige Entscheidung war. Als sie später nach Hause kam, war sie ganz dankbar, dass wir bei unserem Entschluss geblieben waren. Sie sagte, dass sie eigentlich selbst nicht bleiben wollte, aber dem Druck der anderen Mädchen nachgegeben hatte.

Ich habe festgestellt, dass zwei wichtige Faktoren eine Rolle spielen, wenn wir als Eltern in solchen Situationen festbleiben. Erstens nehmen wir den Kindern den Druck vor ihren Freunden ab, denn „die bösen Eltern" haben „Nein" gesagt. Damit haben *wir* den Schwarzen Peter, aber wir können besser damit umgehen. Zweitens machen wir deutlich, dass bestimmte Prinzipien nicht beliebig zur Diskussion stehen, wenn sich die Umstände geändert haben. Das gilt generell für getroffene Absprachen. Als liebevolle Eltern sollten wir jedoch jedes Mal genau hinhören. Es könnte auch mal der Fall eintreten, wo es lebenswichtig oder nötig für den guten Ruf vor den anderen sein kann, endlich auch mal etwas zu dürfen und *nicht immer* das (christliche) Häschen zu sein, das als Erstes zu Hause sein muss.

Handeln aus Liebe, nicht aus Groll und Ärger

„Wie ein Vater den Sohn erzieht, den er liebt, so erzieht dich auch der Herr" (Sprüche 3,12; Hfa). Es heißt hier nicht: „Er erzieht die, die er hasst." Auch nicht: „Er erzieht die, auf die er ärgerlich ist." Er erzieht in Liebe, nicht aus Zorn. Jeder Vater ist zuweilen wütend auf seine Kinder. Aber ein weiser Vater wird es möglichst vermeiden, gerade in solchen Momenten zu disziplinieren und zu strafen. Wenn ich vor

Wut rot anlaufe und herumschreie, bin ich nicht in der Verfassung, um bei meinen Sprösslingen liebevolle und weise Korrektur zu praktizieren. Wenn mir danach zumute ist, eins der Kinder verbal fertig zu machen und zu verletzen, sollte ich nicht gleichzeitig versuchen, den liebevollen Vater herauszukehren. Deshalb ist so wichtig, was ich weiter oben erwähnte. Wenn Erziehung und Korrektur angesagt sind, beginne ich mit der Frage: „Du weißt, dass ich dich lieb habe, nicht wahr?" Damit erinnere ich nicht nur an die Basis unserer Beziehung zueinander, sondern ich bewirke etwas, was auch für *mich* sehr wichtig ist. Diesen Satz kann man schlecht im Ärger jemandem hinschleudern. Ich muss mich also selbst beruhigt haben. Außerdem werde ich daran erinnert, dass mein himmlischer Vater mir ebenso in Liebe begegnet und nicht seine Wut über mir ausschüttet.

Sich an veränderte Umstände anpassen

Manche Eltern sind auf eine enge, ungute Art konsequent. Sie bleiben bei einmal gefassten Entschlüssen, egal, ob das Kind sechs oder sechzehn ist. Ihr Anspruch ist es, das Kind von der Wiege bis zum Grab unter Kontrolle zu haben oder zumindest so lange, bis es das Haus verlässt – natürlich nur „zu seinem Besten". Diese Art von „Liebe" bringt unglückliche Kinder hervor. Denn die Kinder fühlen sich permanent unterdrückt und eingeengt. Je nach Charakter reagieren sie mit Rückzug und übermäßiger Anpassung oder mit zorniger Auflehnung schon beim geringsten Anlass.

Das Schlimme daran ist, dass sie nicht lernen, wie gesunde Selbstkontrolle gelebt wird, und sie entwickeln sich oft so, dass sie *jede* Art von Kontrolle zurückweisen.

So geht unser himmlischer Vater nicht mit uns um. Der Schreiber des Hebräerbriefes sagt uns: „Unsere leiblichen Väter haben uns eine bestimmte Zeit erzogen, wie sie es für richtig hielten. Gott aber weiß wirklich, was zu unserem Besten dient. Wir sollen ihm als seine Kinder ähnlich werden" (Hebräer 12,10; Hfa). Mit anderen Worten: Er diszipliniert uns, damit wir reif werden und unser Wesen ihm ähnlicher wird. Ein weiser Vater wird versuchen, ähnlich zu handeln. Er wird seine erzieherischen Maßnahmen dem Alter und der Reife des

Kindes anpassen. Er wird darauf achten, wann das Kind bereit ist für neue Aufgaben und Verantwortungen. Immer wieder muss das Maß der äußeren Kontrolle abnehmen, damit das Kind eigene Wege entwickeln kann, um sein Leben in die Hand zu nehmen.

Es kommt vielleicht der Tag, an dem Sie als Vater zu ihren streitenden Kindern sagen: „Ich muss mich hier nicht einmischen. Ihr seid alt genug, um solche Streitigkeiten ohne Hilfe zu klären." Oder Sie sagen zu Ihrem Sohn: „Du bist jetzt soweit, dass du dich morgens vom Wecker wecken lassen kannst und nicht mehr von uns, um pünktlich in der Schule zu sein." Einem Teenager kann man sagen: „Solange deine Noten in Ordnung sind, kannst du ins Bett gehen, wann du willst." Der Punkt ist, dass für erfolgreiche Erziehung sowohl Beständigkeit als auch Flexibilität nötig sind. Beständigkeit ist nötig, wenn es darum geht, einmal getroffene Abmachungen einzuhalten und durchzuziehen; Flexibilität ist nötig, um Regeln und Erwartungen der wachsenden Selbstständigkeit des Kindes anzupassen. Wenn Sie dies berücksichtigen, können sich in den Kindern ein gesundes Selbstwertgefühl und Vertrauen in die eigenen Möglichkeiten entwickeln. Sie werden zu Menschen heranwachsen, denen man vertraut und die ihre Grenzen kennen.

Anregungen zum Nachdenken und Tun und zum gemeinsamen Gespräch

1. *In diesem Kapitel wurden vier Erziehungsstile beschrieben: der autoritäre, der überbehütende, der vernachlässigende und der beziehungsorientierte Stil. Nach welchem Stil wurden Sie in Ihrer eigenen Kindheit erzogen? Welchen Stil praktizieren Sie in Ihrer eigenen Familie?*

2. *In Hebräer 12,10 wird gesagt, was Gott erreichen will, wenn er uns erzieht („Wir sollen ihm als seine Kinder ähnlich werden.")*. *Notieren Sie hier Ihre Erziehungsziele bei Ihren Kindern:*

Durch unsere Erziehung soll mein Kind . . .

3. Spielen natürliche und logische Folgen bei der Erziehung Ihrer Kinder eine Rolle? Versuchen Sie, Beispiele zu finden. Wenn Sie damit beginnen wollen, logische Konsequenzen in Ihrer Erziehung einzubeziehen, tun Sie es nach und nach. Halten Sie an getroffenen Abmachungen liebevoll fest.

4. Prüfen Sie Ihre Einstellung in Erziehungsfragen. Kreuzen Sie in der folgenden Auflistung den Begriff an, der Ihre Haltung am ehesten beschreibt.
   ☐ überkritisch   ☐ ermahnend
   ☐ verurteilend   ☐ positiv lehrend
   ☐ manipulierend   ☐ leitend
   ☐ kontrollierend   ☐ freigebend

5. Was müssten Sie unternehmen, um dem positiven Vaterbild ähnlicher zu werden, das in diesem Kapitel beschrieben wurde?

6. *Reagieren Sie in kritischen Situationen eher liebevoll oder eher zornig? Welche konkreten Maßnahmen könnten helfen, Ihr Verhalten zu ändern?*

Kapitel 11

Der vergebungsbereite Vater

Die Geschichte von Don hörte ich von einem gemeinsamen Freund. Don hat drei Töchter und einen Sohn. Die Familie war in einer lebendigen Gemeinde aktiv, und die Eltern hatten sich alle Mühe gegeben, die Kinder liebevoll und nach biblischen Prinzipien zu erziehen, ohne sie jedoch zu sehr einzuengen. Dennoch hatten sie große Schwierigkeiten mit ihrer jüngsten Tochter, als sie in die Pubertät kam. Sie hatte ständig wechselnde Freunde, zu denen sie auch sexuelle Beziehungen unterhielt. Ihre Eltern hatten alles versucht, um sie auf den richtigen Weg zu bringen, doch ohne bleibenden Erfolg. Was die Eltern besonders ärgerte, war die Tatsache, dass sie mit ihrem jeweiligen Freund zu Hause übernachtete, wenn sie nicht da waren. Endlich entschloss sich Don zu einer sehr schmerzlichen, aber dringend nötigen Aussprache mit seiner Tochter. „Cathy, deine Mutter und ich haben wirklich versucht, eine Lösung zu finden, mit der wir alle leben können. Wir wissen nicht weiter. Aber wir können nicht länger dulden, dass du in diesem Haus hier mit deinen Freunden schläfst. So Leid es uns tut, aber du musst hier ausziehen." Sie versicherten ihrer Tochter, dass sie sie immer noch liebten und ihre Beziehung hoffentlich nicht daran zerbrechen würde, aber dass sie nur unter der Bedingung, Hilfe anzunehmen und sich zu ändern weiterhin bei ihnen leben könne. Am nächsten Abend zog Cathy aus, ohne eine Adresse zu hinterlassen.

Drei Monate später wurde Don nachts um eins vom Klingeln des Telefons geweckt. Cathy war am Apparat. „Vati, ich rufe von der Busstation an." Sie murmelte ein paar unverständliche Sätze ins Telefon und endete mit der Bitte: „Ich möchte wieder nach Hause kommen." Don versuchte ruhig zu bleiben, als er antwortete: „Bleib, wo du bist, ich bin sofort bei dir." Dann weckte er seine Frau, um mit ihr gemeinsam seine Tochter abzuholen. Zuerst umarmte er sie lang und herzlich. Er stellte keine Fragen danach, wo sie die ganze Zeit gewesen war. Er erzählte ihr auch nicht von den vielen schlaflosen Nächten, die Cathy ihren Eltern gemacht hatte oder erinnerte sie an die Regeln, die zu Hause immer noch galten. Er vergab ihr einfach und hatte sie lieb.

So ein Vater möchte ich auch sein. Ich möchte vergeben können. Meine Kinder sollen wissen, dass sie mit jedem Versagen zu mir kommen können und ihnen Vergebung sicher ist. Ich will keinen Groll gegen sie hegen, was auch passiert. Wenn etwas schief gegangen ist, sollen sie die Freiheit haben, von vorn anfangen zu können. Ich möchte so handeln, weil ich erlebt habe, was passiert, wenn Väter unnachgiebig sind und auf ihrem „Recht" bestehen. Ich habe gesehen, wie Kinder immer weniger von sich selbst halten, wenn Väter mit Ablehnung und Bitterkeit auf ihr Verhalten reagieren. Diese jungen Menschen sind oft ungeduldig und mitleidlos anderen gegenüber, weil sie erlebt haben, dass sie keine zweite oder dritte Chance bei ihren Eltern hatten. Sie lehnen sich dann gegen ihre Familie, die Gemeinde und gegen den Glauben auf und tun ihre unnachgiebigen Eltern als Pharisäer ab.

Andererseits habe ich Väter erlebt, die vergebungsbereit waren und dadurch die Beziehung zu ihren Kindern heilen konnten. Die Kinder bekamen die Möglichkeit, neu anzufangen, weil sie sich nicht verteidigen mussten. Väter mit dieser Haltung machen es ihren Kindern leichter, auch anderen zu vergeben. Sie können ihre Fehler leichter eingestehen, weil sie kein schreckliches Strafgericht fürchten müssen. Familientragödien mit all den leidvollen Erfahrungen, die damit einhergehen, können so verhindert werden.

Die Vergebung unseres himmlischen Vaters

Stellen Sie sich vor, Sie hätten einen Sohn, der Ihnen so lieb ist wie Ihr Augapfel. Von der ersten Stunde an haben Sie ihn mit Liebe und Aufmerksamkeit überschüttet. Sie haben ihn als Erster gebadet. Sie brachten ihm das Radfahren bei. Sie schauten ihm beim Fußballspielen zu. Sie saßen an seinem Bett, wenn er krank war, und trösteten ihn, wenn er traurig war. Sie waren für ihn da, wann immer er Sie brauchte, und nahmen teil an allem, was ihn interessierte. Sie sorgten für ihn mit aller Liebe und errieten immer seine geheimsten Wünsche. Wie reagierte der Sohn auf diesen Überfluss an Zuwendung? Er hielt es für selbstverständlich. Meistens hat er Sie übersehen und kam nur auf Sie zu, wenn er etwas brauchte, neue Turnschuhe oder Geld zum Tanken beispielsweise. Manchmal war er auch absichtlich und offensichtlich ungehorsam. Er hinterging Sie ständig. Ihr Verhalten war ihm sichtlich unangenehm, und seinen Unmut ließ er mit Vorliebe an seinen Geschwistern aus. Was würden Sie mit so einem Sohn machen? Würden Sie ihm vergeben? Überlegen Sie sich Ihre Antwort gut, denn Sie sind in dieser Geschichte nicht der Vater, sondern der *Sohn*. Ihr himmlischer Vater hat Sie mit Liebe und vielen Segnungen überschüttet, doch Ihre Reaktion darauf war ungefähr so wie die des Sohnes in der Geschichte. Wenn es Ihnen so ähnlich geht wie mir, haben Sie sogar noch ablehnender reagiert. Dennoch hat Gott Ihnen vergeben und tut es weiterhin jeden Tag neu. Kaum zu glauben, nicht wahr? Oder doch? So ist unser himmlischer Vater. Vergebung und Liebe ist Teil seines Wesens.

„Ja, er vergibt mir meine ganze Schuld . . . So fern der Osten vom Westen liegt, so weit wirft Gott unsere Schuld von uns fort! Wie ein Vater seine Kinder liebt, so liebt der Herr alle, die ihn ehren" (Psalm 103,3.12–13; Hfa). „Und trotzdem: Ich werde euch alles vergeben – aus freien Stücken. Ich werde alles Böse für immer vergessen" (Jesaja 43,25; Hfa). Er ist ein vergebender Vater. Er wurde missverstanden, und kein anderer Vater wurde so oft abgelehnt wie er. Dennoch kann er es kaum erwarten, uns erneut zu begegnen. Er wartet ständig auf uns, genau wie der Vater im Gleichnis vom Verlorenen Sohn. Er wartet nicht ab, bis der Sohn das Haus erreicht hat, sondern läuft ihm entgegen. Gottes Vergebung ist schon da, bevor wir unser Bekenntnis und unsere Reue überhaupt ausgesprochen haben. So ein Vater möchte ich auch sein, aber aus eigenen Stücken schaffe ich das nicht. Mein Stolz und meine moralische Schwachheit stehen mir im Weg. Manchmal vergesse ich, dass ich eigentlich vergeben wollte und könnte. Meine Sorgen sind mir im Weg. Manchmal fürchte ich, dass meine Bereitschaft zur Vergebung bei meinen Kindern als Schwäche ausgelegt wird und sie sich in ihrem falschen Verhalten bestätigt fühlen könnten. Aber ich muss mich nicht auf meine eigenen Fähigkeiten verlassen. Denn der Geist Gottes lebt in mir durch die Kraft des Heiligen Geistes. In Jesus bin ich gerettet und kann im Gebet, im Vertrauen auf ihn, meinen Kindern sein Wesen vorleben. Aus meiner eigenen Kraft ist das nicht möglich.

Vergebung verstehen

Wir sind oft blockiert für Vergebung, weil wir nicht verstehen, was dabei geschieht. Meinen Kindern vergeben bedeutet nicht, dass ich bei Ungehorsam ein Auge zudrücke. Ich suche auch nicht nach Entschuldigungen für ihr falsches Verhalten oder erlasse ihnen eine verdiente Strafe. Allen Guelzo, einer der Autoren der Zeitschrift *Christianity Today* schreibt: „Vergeben bedeutet, unseren Groll über zugefügtes Unrecht hinter uns zu lassen. Wir sollen unseren Groll nicht nur unterdrücken und uns beherrschen lernen, sondern wir sollen ihn komplett loslassen und frei davon werden. Vergebung heißt nicht, sich umzudrehen und die Sache zu vergessen. Zum besseren Verständnis wollen wir uns anschauen, was Vergebung *nicht* ist. Vergebung ist nicht gleichbedeutend mit einer Entschuldigung. Vergebung ist etwas sehr Persönliches. Sie hängt mit der Wirkung der Verletzung zusammen, die wir erlebt haben. Die negativen Gefühle darüber brauchen Befreiung und Verarbeitung. Entschuldigungen sind eher die offizielle Seite der Angelegenheit. Ein ungerechter Zustand muss bearbeitet werden. Das ist meistens leichter zu klären als die Beziehung zwischen dem Verursacher und dem ‚Opfer'. Eine Entschuldigung ist eher der Vorgang, bei dem man jemandem die Strafe erlässt oder die Blamage erspart, die er eigentlich verdient hätte.

Außerdem hat Vergebung nichts damit zu tun, den Täter ‚in Schutz zu nehmen'. Wer wirklich vergibt, sagt etwa: ‚Ja, was du getan hast, war falsch. Ich akzeptiere deine Bitte um Vergebung. Ich habe nichts mehr gegen dich, und alles zwischen uns ist so, als wenn diese Sache nie geschehen wäre.' Die weiche, nachsichtige Vergebung würde sagen: ‚Ich sehe, du konntest eigentlich nichts dafür. Das war ein Versehen. Eigentlich bist du gar nicht verantwortlich.' Wenn niemand verantwortlich war, gibt es auch nichts zu vergeben.

In diesem Sinne sind Vergebung und diese laue Art der Entschuldigung eigentlich Gegensätze. Wenn das so ist, brauchen wir nicht zu fürchten, dass wir mit Vergebung versehentlich falsches Handeln tolerieren oder gutheißen. Vergebung bedeutet nicht ‚die Anklage fallen zu lassen‘, sondern ‚alle Vorbehalte und Anklagen, die da waren, für immer zu vergessen.‘ Damit ist auch derjenige, der vergibt, von negativen Nachwirkungen frei und kann dem anderen wieder unbelastet begegnen. Bitterkeit wird nicht zum Schaden des Verbitterten angehäuft.“[1] Diese Zusammenhänge muss man verstanden haben, um ein Vater zu sein, der vergeben kann.

Überreaktionen vermeiden

Wir sind uns alle im Klaren darüber, dass Kinder uns in kürzester Zeit an unsere Grenzen bringen können. Zuweilen scheinen sie es richtiggehend darauf anzulegen, Papa (oder Mama) zum Wahnsinn zu treiben. Ich habe aber herausgefunden, dass ich meinen Kindern (und mir) einen großen Gefallen tue, wenn ich auf diese Situation möglichst gelassen reagiere. Immer wenn ich drauf und dran bin, mit meinen Kindern die Geduld zu verlieren und laut zu werden, fällt mir ein Gespräch ein, das ein befreundeter Therapeut mit einem Ehepaar führte. Die Eltern kamen zu ihm wegen ihres aggressiven Sohnes, der dabei war zu lernen, sich zu fügen und an Ordnungen zu halten. Bei einem der Treffen fragte er: „Wie ging es mit Ihrem Sohn in der vergangenen Woche?“ Sie legten sofort los mit allem, was am Freitag schwierig bis unmöglich war. Nachdem mein Freund sich fünfzehn Minuten lang angehört hatte, was für ein Alptraum der Freitag gewesen war, fragte er nach dem Donnerstag. „Ganz gut“, war die Antwort. „Und Mittwoch?“ „Auch.“ „War der Dienstag dann ein schwieriger Tag?“ „Nein, eigentlich nicht.“ „Und wie war's am Montag?“ „Montag war der beste Tag überhaupt.“ Endlich konnte mein Freund zur Sache kommen. Ein schlechter Tag kann nicht vier gute Tage zunichte machen. Okay, der Freitag war ein Reinfall. Aber konnten die Eltern denn nicht sehen, welche Fortschritte ihr Sohn an den anderen Tagen gemacht hatte? Warum denn einen Rückfall so überbetonen? Die Eltern begannen einzusehen, dass sie wegen eines schlimmen Tages überreagiert hatten. Insgesamt hatte ihr Sohn deutliche Fortschritte im Vergleich zu seinem früheren Verhalten gemacht. Liebe vergisst das Negative und erinnert sich lieber an die guten Zeiten. Lassen Sie uns eher die Erfolge unserer Kinder im Blick behalten als ihr Versagen.

Hilfe in Anspruch nehmen

Meine Frau Dottie ist mir in vielen Bereichen eine Hilfe und Korrektur, unter anderem auch in meinem Bemühen, ein vergebender Vater zu sein. Ich habe sie gebeten, mich darauf aufmerksam zu machen, wenn ich zu den Kindern grob bin und sie anfahre. Sie können mir glauben, dass sie mich sehr kritisch beobachtet. „Josh, ich glaube, du solltest dich bei Katie entschuldigen." „Josh, meinst du nicht, dass du Heather noch etwas sagen solltest?" Es war nicht immer einfach, sich das anzuhören, aber es ist unverzichtbar. Wenn Sie Ihre Kinder gebeten haben, Ihnen zu helfen, ein besserer Vater zu sein, müssen Sie damit rechnen, dass sie Ihnen auch helfen, eher zu vergeben. Vielleicht bekommen Sie Dinge zu hören wie: „Vati, ich glaube, du hast mir noch nicht vergeben, dass ich dein Auto so schön bemalt habe", oder: „Bist du sicher, dass du mir schon vergeben hast, dass ich dein Toupet als Zielscheibe beim Ballwerfen benutzt habe?"

Erinnern Sie sich an Ihre eigene Kindheit

Erwachsenwerden ist eine schwierige Sache. Wenn wir ehrlich sind, müssen wir zugeben, dass wir teilweise die gleichen, wenn nicht schlimmere Fehler gemacht haben wie unsere Kinder heute. Auch wir hatten als Kinder schlechte Tage, waren mufflig, eigensinnig und ungeschickt. Es gab Zeiten, da waren wir einfach gegen *alles.* Wir hätten sicher nie gedacht, dass Gott das, was wir unseren Eltern angetan haben, rächt, indem er uns Kinder geschenkt hat, die sich genauso unmöglich aufführen wie wir damals!

Vergebung ist einfacher, wenn wir an unsere eigenen Fehler und Schwächen denken, und zwar nicht nur an die in unserer fernen Vergangenheit, sondern auch an unsere jetzigen. Wenn mein Sohn abends nicht pünktlich zu Hause ist, brauche ich mich nur daran zu erinnern, dass auch ich mich nicht immer an alle Abmachungen gehalten habe. Das erspart ihm zwar nicht die Strafe, aber es macht mich nachsichtiger im Umgang mit ihm. Wenn meine Tochter einen Strafzettel bekommt, bin ich wohl eher bereit, ihr zu vergeben, wenn ich daran denke, wann ich das letzte Mal in eine Radarfalle gekommen bin.

Vergebung üben

Ich möchte ein Vater sein, der seinen Kindern auch das schlimmste Vergehen vergeben kann. Das kann man bei den kleinen Dingen des Lebens üben. Wenn man gewohnt ist zu vergeben, fällt es bei den wirklich großen Ereignissen leichter. Jeder Tag mit Kindern bringt eine Menge Gelegenheiten zum Üben. Wenn eins der Kinder zum Beispiel ungehörig mit uns Eltern redet, ermahne ich es und vergebe ihm in Gedanken. Wenn das Kind positiv reagiert, lächle ich und sage dazu: „Ich habe dir vergeben." Ich vermeide Redewendungen wie: „Schon in Ordnung" oder „Kein Problem", denn ich möchte zeigen, dass ich vergebe, und nicht falsches Verhalten bestätigen. Solche scheinbar unwichtigen Anlässe helfen mir und den Kindern, Vergebung zu üben, und sie bereiten mich vor auf größere Anlässe und Krisen, wo es mir schwerer fällt.

Der Magnet-Test

Dick Day gab mir den folgenden Rat: „Wenn ich merke, dass es zwischen mir und meinen Kindern Spannungen gibt, versuche ich, meine Kinder ganz bewusst mit den Augen Gottes zu sehen, nämlich als Personen von unschätzbarem Wert. Das hilft mir, mich besser auf Annahme und Vergebung einzustellen, auch wenn die Situation vielleicht Strafmaßnahmen erfordert. Diesen Prozess nenne ich den Magnet-Test. Wenn zwei Magnete nicht im gleichen Feld liegen, haben sie keinen Einfluss aufeinander. Sind sie sich aber nahe, gibt es zwei Möglichkeiten: Sie ziehen sich blitzartig an oder stoßen sich ab – und nichts kann sie wieder zusammenbringen. Mit unseren Gefühlen ist es ganz ähnlich. Im Familienleben treffen Ihre Gefühle und die Ihrer Kinder ständig aufeinander; Sie befinden sich mit Ihren Kindern sozusagen in demselben magnetischen Feld. Sie reagieren entweder mit Zuwendung oder mit Ablehnung. Wenn ich Ablehnung in mir spüre, stelle ich mir die Frage: ‚Was verursacht diese Gefühle in mir? Warum rege ich mich auf? Was geht wohl in dem Kind vor und warum?‘ In einer gespannten Situation fühlt sich ein Familienmitglied in seiner Sicherheit bedroht, und mit Ihrer liebevollen Annahme des Kindes steht es nicht zum Besten.“ [2]

Denken Sie daran: Der Magnet-Test ist *Ihre* Aufgabe. Als Erwachsener sind Sie eher in der Lage, die Situation distanziert zu beurteilen als das Kind. Sie können versuchen, Ihre Gefühle unter Kontrolle zu bringen und, wenn nötig, um Vergebung bitten oder Vergebung gewähren. Das bringt uns zum nächsten Punkt.

Um Vergebung bitten

Als ich an diesem Buch arbeitete, bat ich meine sechzehnjährige Tochter Katie, mir bei einem Abschnitt zu helfen. Ich fragte sie: „Kannst du dich an einen Anlass erinnern, wo ich dich verletzt oder beleidigt habe, ohne mich dafür zu entschuldigen und um Vergebung zu bitten?“ Sie saß fünf oder sechs Minuten lang still da und dachte nach. Ich konnte förmlich spüren, wie sie versuchte, all die Anlässe in den vergangenen sechzehn Jahren aus ihrem Gedächtnis hervorzukramen, in denen ich gedankenlos, unbarmherzig und lieblos zu ihr gewesen war. Ich dachte mir, dass sie sicher die Gelegenheit nennen würde, die mich im denkbar schlechtesten Licht erscheinen lassen würde. Als sie immer noch still war, konnte ich es nicht mehr aushalten und hakte nach: „Sag einfach irgendwas, das dir einfällt.“ Sie lächelte: „Na ja, Vati, was mir einfällt, ist vielleicht gut für dich, aber sicher nicht gut für dein Buch.“ Ich vermutete, dass diese Sache wahrscheinlich so peinlich und unmöglich war, dass man sie nicht drucken konnte. Dann zuckte sie mit den Schultern und sagte endlich: „Mir fällt nichts ein.“ Was für eine Erleichterung!

Und meine Frau würde hinzufügen: äußerst erstaunlich! Es soll nicht der Eindruck entstehen, ich hätte es zum perfekten Vater gebracht. Ich bin sicher, dass es Anlässe gab, bei denen ich es versäumt habe, mich bei Katie zu entschuldigen. Aber das hat sie anscheinend vergessen. Wahrscheinlich sollte ich in zwei Jahren noch einmal nachfragen, denn im Ablösungsprozess vom Elternhaus fallen den Heranwachsenden bei den Eltern doch eine Menge störender Dinge ins Auge.

Die Fähigkeit, Fehler zuzugeben und sich zu entschuldigen, scheint auch bei christlichen Eltern nicht sehr ausgeprägt zu sein. Immerhin gaben bei einer Umfrage in Gemeinden 37 % der Jugendlichen an, von ihren Eltern selten oder nie zu hören, dass sie etwas falsch gemacht haben, geschweige denn, dass sie sich entschuldigten. Das wäre also bei mehr als jedem dritten Kind der Fall. Kein Wunder, dass auch unsere Kinder Schwierigkeiten haben, Fehler einzugestehen. Kein Wunder, dass sie ihre Eltern oft ablehnen. Kein Wunder, dass sie sich minderwertig vorkommen. Sie haben offenbar die perfekten Eltern. Wie glücklich kann sich ein Kind schätzen, dessen Vater Verständnis für seine Vergehen hat und der schnell vergibt, der vergangene Schuld nicht immer wieder auftischt und damit neue Verletzungen verursacht. Solche Kinder werden es leichter haben, die gleiche Haltung anderen gegenüber zu zeigen, und wenn sie selbst später Eltern sind, leichter vergeben können.

Anregungen zum Nachdenken und Tun und zum gemeinsamen Gespräch

1. Waren Sie in den vergangenen Jahren ein vergebender Vater? Kreuzen Sie hier die Haltung an, die Ihrem Handeln am ehesten entspricht.

☐ Ich bin ein Vater, der vergeben kann.
☐ Es fällt mir schwer zu vergeben.
☐ Hin und wieder spreche ich mit den Kindern über Vergebung.
☐ Ich spreche selten über Vergebung.
☐ Über Vergebung habe ich mit den Kindern noch nie gesprochen.

2. Beschreiben Sie, ob und wie Vergebung in Ihrer Ursprungsfamilie praktiziert wurde. Gibt es Parallelen zu Ihrem heutigen Familienleben? Was hat sich verändert?

3. Was können Sie in dieser Woche tun, um Ihren Kindern das Thema Vergebung nahe zu bringen? Schreiben Sie Möglichkeiten auf.

4. Gibt es Dinge aus der Vergangenheit, für die Sie Ihre Kinder um Vergebung bitten sollten? Wenn ja, um was handelt es sich und wann wollen Sie mit Ihren Kindern darüber reden?

Kapitel 12

Respekt

Folgende Geschichte wird über den Erzbischof Tillotson von Canterbury erzählt. Er war gerade zu Hause, als es an der Tür klopfte. Einer seiner Bediensteten öffnete und sah einen alten heruntergekommenen Mann draußen stehen. Dieser fragte, ob John Tillotson zu Hause sei. Der Diener war schockiert über die Frechheit des alten Mannes, einfach so vorbeizukommen und zu verlangen, den vornehmen Bischof sprechen zu wollen; er hatte seinen Namen nicht einmal mit dem entsprechenden Titel genannt! Er schimpfte und jagte ihn weg. Aber der Bischof hatte das Gespräch von weitem mit angehört und die Stimme des Besuchers erkannt. Er rannte zur geschlossenen Tür, riss sie wieder auf und lief auf die Strasse. Der erstaunte Diener hörte ihn rufen: „Aber das ist doch mein geliebter Vater!" Der vornehme Kirchenmann holte den alten, schäbigen Mann ein, fiel auf die Knie und umarmte ihn. Obwohl der Sohn zu Ansehen und Ehre gekommen war, hatte er nicht aufgehört, seinen alten Vater, einen einfachen Mann aus einer Arbeitergegend in Yorkshire, zu lieben und zu ehren. Das Verhalten des Bischofs gibt nicht nur Aufschluss über seinen eigenen Charakter, sondern macht auch deutlich, was für eine Art Mensch der Vater war, den sein Sohn immer noch sehr verehrte.

Ein solches Verhalten würde mich bei meinen Kindern auch freuen. Ich möchte mir ihren Respekt verdienen. Sie sollen ihre Mutter und ihre Großeltern in Ehren halten, sich Älteren gegenüber respektvoll verhalten und Autorität akzeptieren. Wenn sie ihren eigenen Wert kennen und annehmen, werden sie das richtige Maß finden. Diese Idealvorstellung ist nicht unrealistisch. Ich bin überzeugt, dass es möglich ist, wenn mehr Väter bereit sind, dem Vater ähnlicher zu werden, den ich in den Kapiteln dieses Buches beschrieben habe. Väter können sich den Respekt ihrer Kinder und Frauen erwerben, wenn sie sich bemühen, mit Gottes Hilfe Liebe, Annahme, Reinheit, Wahrheit, Treue, Freundschaft und Vergebung zu leben und weiterzugeben. Von einem Vater, der sich wie der himmlische Vater verhält, geht Respekt aus, und er wird selbst Respekt für sein Verhalten ernten.

Die Vater-Figur

Die Bibel ermahnt uns an vielen Stellen, sich respektvoll zu verhalten. Kinder sollen Vater und Mutter ehren (2. Mose 20,12). Wir werden angehalten, die Alten zu respektieren und zu achten (3. Mose 19,32). Wir werden aufgefordert, uns der weltlichen Autorität unterzuordnen (Römer 13,1). Paulus wies Timotheus an, „die Ältesten, die ihren Dienst verantwortlich ausüben, sollen . . . hoch geachtet werden" (1. Timotheus 5,17; Hfa). Die Bibel fordert zum Respekt auf, weil es gut und weise ist, andere zu achten. Jeder ist es wert, geachtet zu werden, weil wir ein Teil des Wesens Gottes widerspiegeln. Gott ist Geist und in ihm ist Leben (Johannes 1,4; 4,24), und diesen Teil Gottes trägt jedes menschliche Wesen in sich, denn „Gott, der Herr . . . blies ihm den Lebensatem (*ruach/Geist*) in die Nase. So wurde der Mensch lebendig" (1. Mose 2,7; Hfa). Der Mensch ist als Ebenbild Gottes geschaffen, er hat einen unsterblichen Geist, Würde und eine Bestimmung. Jedes menschliche Wesen hat daher Respekt verdient, denn wir alle sind Geschöpfe Gottes, der allem Leben und Atem gegeben hat. Außerdem sind wir angehalten, denen zu gehorchen und zu achten, denen Verantwortung für uns übertragen wurde: „Jeder soll sich den bestehenden staatlichen Gewalten unterordnen. Denn es gibt keine Autorität, die nicht von Gott kommt. Jede staatliche Autorität ist von Gott eingesetzt" (Römer 13,1; Hfa). Achtung vor Regierungen und geistlichen Ämtern bedeutet, die umfassende Autorität Gottes über die Welt anzuerkennen. Erstaunlicherweise fordert Gott nicht nur Respekt von uns, er behandelt auch seine Geschöpfe mit Achtung. Er hat uns „nach seinem Bild" erschaffen und begegnet uns mit mehr Respekt, als wir eigentlich verdienen. „Ich blicke zum Himmel und sehe, was deine

Hände geschaffen haben; den Mond und die Sterne – allen hast du ihre Bahn vorgezeichnet. Wie klein ist da der Mensch! Und doch beachtest du ihn! Winzig ist er, und doch kümmerst du dich um ihn! Du hast ihn zur Krone der Schöpfung erhoben und ihn mit hoher Würde bekleidet. Nur du stehst über ihm!" (Psalm 8,4–6; Hfa).

Gott ist ein Vater, der höchsten Respekt verdient. So ein Vater möchte ich auch sein. Leider bin ich es nicht. Ich bin zu schwach und unvollkommen. Aber durch das Opfer seines Sohnes am Kreuz und durch das Werk des Heiligen Geistes kann ich etwas von seinem Wesen an meine Kinder weitergeben. Dabei bin ich völlig von ihm abhängig im Gebet und durch das Lesen in seinem Wort. Nur so kann ich werden wie mein himmlischer Vater.

Respektvoll handeln

Wie gehen Sie mit *Ihren* Eltern um? Wie reden Sie über andere im Beisein von jungen Leuten? Behandeln Sie Ihre Partnerin mit Achtung? Ihre Vorgesetzten? Die Leiter in der Gemeinde? Mitarbeiter? Beachten Sie die Verkehrsregeln? Achten Sie auf die Erhaltung der Natur, die Gott geschaffen hat? Wer sich selbst und andere mit Achtung behandelt, wird mit großer Wahrscheinlichkeit auch so behandelt werden. Wenn die jungen Leute in unserer Umgebung erleben, wie respektvolles Verhalten aussieht und sich anhört, wird das ihr Leben prägen. Manche Erwachsenen betrachten die Sache mit dem Respekt als eine Einbahnstraße, aber auch unsere Kinder sind nach dem Bild Gottes geschaffen. Ich habe Väter erlebt, die ihre Kinder vor ihren Freunden blamierten. Ich habe Väter erlebt, die sich über eine unschuldige Bemerkung ihrer Kinder lustig machten. Ich habe Väter erlebt, die schlimme Schimpfworte für ihre Kinder gebrauchten. Ich habe Väter erlebt, die mit ihren siebzehnjährigen Söhnen redeten, als wären sie sechs. Die Straße, die zum Respekt führt, beginnt direkt bei uns! Es fängt damit an, die Kinder mit den Augen Gottes zu sehen und sie entsprechend zu behandeln. Es bedeutet, Kinder nach ihrer Meinung zu fragen und zuzuhören, wenn sie antworten. Es bedeutet, ihnen „bitte" und „danke" zu sagen, wie wir es auch bei anderen Leuten machen, mit denen wir zu tun haben. Die

Kinder sollen erleben, dass wir sie genauso achten wie alle anderen – als Geschöpfe unseres Gottes.

Erklären, was Respekt ist

Von manchen Kindern wird respektvolles Benehmen erwartet, ohne dass sich die Eltern die Mühe machen, ihnen zu erklären, was das eigentlich bedeutet. Dazu gehört, dass Höflichkeitsregeln vermittelt und vorgelebt werden. Fremde und ältere Personen können erwarten, dass sie mit „Herr" und „Frau" angesprochen werden und dass man ihnen die Tür aufhält, wenn man mit ihnen unterwegs ist. Auch wenn heute vieles lockerer gehandhabt wird als noch vor dreißig Jahren, ist es nicht falsch, im Bus oder Zug älteren Personen seinen Platz anzubieten. Höflichkeit bewirkt meistens freundliche Gesichter und ein angenehmes Miteinander.

Ich fuhr einmal mit Sean zum Supermarkt. Wir waren so ins Gespräch vertieft, dass ich beim Einparken nicht aufpasste und halbwegs auf einem zweiten Parkplatz stand. Weil wir in Eile waren, wollte ich das Ganze auf sich beruhen lassen und losgehen, als mir einfiel, welchen Eindruck das bei Sean womöglich machen würde. Ein anderer konnte den Parkplatz neben mir nicht benutzen, weil ich zu bequem war, das Auto ordentlich hinzustellen. Also raffte ich mich auf und machte auch Sean darauf aufmerksam, dass solche Nachlässigkeiten gegenüber anderen kein guter Stil sind, gerade dann, wenn es wahrscheinlich niemand bemerkt und mich dafür zur Verantwortung gezogen hätte. Auch die unbemerkten Dinge haben mit Respekt zu tun, nicht nur die Situationen, in denen wir damit glänzen können.

Selbstachtung fördern

Ein junger Mensch, der von sich selbst nicht viel hält, wird Schwierigkeiten haben, seine Eltern, seine Lehrer oder seinen Pastor zu achten. Väter sollten verbal und nonverbal mehrere Botschaften vermitteln: *Ich achte dich, weil du ein Ebenbild Gottes bist.*

Es ist richtig, dass wir oft nur eine Verzerrung dieses Ebenbildes erleben. Dennoch spiegelt jedes Kind das Wesen Gottes wider und sollte entsprechend behandelt werden. *Ich achte dich, weil du ein Mitglied (oder zukünftiges Mitglied) in der ewigen Familie Gottes bist.*

Christen werden von Paulus als die „Meisterwerke Gottes" bezeichnet (Epheser 2,10). Das Wort, das Paulus hier im Urtext gebraucht, ist *poiema*, ein Wort, das für ein kostbares Kunstwerk benutzt wurde. Kinder sind Kostbarkeiten Gottes. *Ich achte dich, weil du mein Leben bereicherst.*

Psalm 127,3 sagt aus, dass Kinder ein besonderes Geschenk von Gott sind. Sie sind für Eltern eine Herausforderung, durch die sie näher zu Gott kommen können. Kinder lernen von uns, aber wir können auch eine Menge von ihnen lernen. *Ich achte dich wegen deiner Einmaligkeit, deiner Persönlichkeit, deinen Fähigkeiten und Gaben.*

Jeder Mensch, ob jung oder alt, braucht Orte, wo er sich zu Hause fühlt und angenommen ist, wo man ihn schätzt und wo seine Fähigkeiten gebraucht werden. Die Familie sollte der Ort sein, wo Kinder ihre Fähigkeiten entdecken und entfalten können. Väter sollten alles tun, um ihnen dabei zu helfen und sie ermutigen, Neues zu versuchen.

Achtung für die Mutter und Ehefrau fordern

Als unsere Tochter Kelly etwa elf Jahre alt war, hatten sie und ihre Mutter Schwierigkeiten miteinander. Kelly wurde öfter ziemlich frech zu ihr. Nachdem ich das ein paar Mal mitbekommen hatte, fand ich, dass das Maß voll war. Ich nahm sie bei den Schultern und zwang sie so, mir direkt in die Augen zu blicken. „Junge Dame, in diesem Ton kannst du zwar mit deiner Mutter reden, aber ich verbiete dir, so mit meiner Frau zu reden! Ich liebe diese Frau. Genauso wie ich sie beschützen werde vor Leuten außerhalb der Familie, werde ich sie auch vor euch Kindern beschützen. Nie wieder redest du in so einem Ton mit ihr, ist das klar?" Kelly sah mich verdutzt an, murmelte etwas in sich hinein und ging in ihr Zimmer. Der Erfolg meiner Predigt ließ nicht lange auf sich warten. Das nächste Mal, als sie Anlauf nahm, sich mit Dottie anzulegen, hielt sie inne, sah mich an und sagte: „Ach ja, mit deiner Frau darf ich so nicht umgehen, stimmt's?" „Ganz genau, Kelly", antwortete ich mit einem Augenzwinkern. Den Umgang miteinander lernen Kinder zu Hause. Wenn ich gestatte, dass sie sich uns gegenüber im Ton vergreifen, erreiche ich das Gegenteil von dem, was ich in meinen Kindern fördern möchte.

Umgang mit Geschwistern

Geschwister können einander die besten Freunde oder die schlimmsten Feinde sein, oder beides, je nach Umstand, Alter, Tageszeit oder ihren Stimmungen. Sie können überraschend liebevoll miteinander umgehen, aber ebenso überraschend herzlos. Meinungsverschiedenheiten und Streit zwischen ihnen sind nicht zu vermeiden, bei Respektlosigkeiten sollten die Eltern einschreiten. Schimpfworte, Beleidigungen und bösartiges „Foppen" sind nicht erlaubt in Familien, die Gott ehren wollen.

Der bekannte Familientherapeut Dr. James Dobson hat in seiner eigenen Familie folgende Richtlinien festgelegt:

1. Keinem Kind ist es erlaubt, sich über ein anderes in negativer Weise lustig zu machen. Und zwar nie!
2. Das Zimmer jedes Kindes (oder sein Teil, wenn sie zu zweit sind) ist absolut Privatbereich.
3. Einem älteren Kind ist es nicht gestattet, ein jüngeres auf den Arm zu nehmen oder absichtlich Situationen zu schaffen, in denen es sich blamiert fühlen könnte.
4. Das jüngere Kind darf das ältere nicht stören und belästigen.
5. Die Kinder sind nicht dazu verpflichtet, miteinander zu spielen, wenn sie lieber allein sein wollen oder Freunde zu Besuch haben (oder sie besuchen).
6. Wir versuchen Konflikte so bald wie möglich zu klären und achten besonders auf Unparteilichkeit und Gerechtigkeit.

Die Gelegenheit beim Schopf packen

Erfolgreiche Väter nutzen die Gunst der Stunde, um ihren Kindern gewisse Einsichten und Wahrheiten beizubringen. Auf Grund jahrelanger Untersuchungen eignen sich bei manchen munteren Teenagern dazu am besten die frühen Nachtstunden (stöhn)! Sie sind scheinbar am einsichtigsten und voll aufnahmebereit, wenn ihre Eltern gerade todmüde ins Bett sinken wollen und sich noch ein paar private Minuten erhoffen. Nutzen Sie diese kostbaren Momente, in denen Sie die volle Aufmerksamkeit Ihrer Sprösslinge haben.

Natürlich kann man auch zu normalen Zeiten die Saat der Wahrheit ausstreuen, z. B. bei den Mahlzeiten, vorausgesetzt, es finden noch gemeinsame Mahlzeiten in der Familie statt. Wenn nicht, warum nicht? Solche Zeiten ohne Fernsehen und Radio sind die besten Gelegenheiten, um über Themen wie gegenseitigen Respekt und ähnliches zu sprechen. Wie wäre es, wenn Sie wieder ein paar gemeinsame Mahlzeiten in der Woche einführen? Bei gemeinsamen Autofahrten ergeben sich ebenfalls gute Gesprächsmöglichkeiten. Zögern Sie nicht, die Kinder zu fragen, ob Sie selbst ihnen genug Achtung entgegenbringen. Dann ist eine Ermahnung, die ihr Verhalten betrifft, leichter zu akzeptieren. Wenn sie andere Familien z. B. im Supermarkt beobachten, die respektlos miteinander umgehen, können Sie ein Gespräch beginnen und Einsichten weitergeben. Auch „schlimme" Fernsehsendungen können manchmal Anlass für eine Diskussion darüber sein, wie man sich *nicht* verhalten sollte. Stellen Sie Fragen darüber, ob die Person, die sich respektlos benimmt, dadurch lustig, erfolgreich oder ansprechend wirkt. Machen Sie sich auf ehrliche Antworten gefasst.

Anregungen zum Nachdenken und Tun und zum gemeinsamen Gespräch

1. Bewerten Sie die Themen dieses Kapitels nach dem Gewicht, das sie in Ihrer Familie einnehmen. Geben Sie zwischen einem und sechs Punkten (Punkt eins braucht die größte Aufmerksamkeit).

☐ Respektvoller Umgang miteinander
☐ Definieren dessen, was man unter Achtung versteht
☐ Förderung des Selbstwertgefühls
☐ Einforderung von Achtung gegenüber Ihrer Ehefrau
☐ Mehr Achtung unter den Geschwistern
☐ Schaffen und Ausnutzen belehrbarer Momente

2. Nennen Sie Möglichkeiten, wie Sie respektvoller mit anderen umgehen können (mit Ihrer Frau, Ihren Eltern, Ihren Vorgesetzten, Mitgliedern der Gemeinde etc.).

3. Schreiben Sie auf, wie Sie Ihren Kindern mit mehr Achtung begegnen könnten. Sammeln Sie Ideen.

4. *Notieren Sie ein bis zwei Schritte, die Sie in dieser Woche unternehmen wollen, um bei sich selbst und Ihren Kindern eine respektvollere Haltung zu bewirken.*

Kapitel 13

Ein Vater nach dem Herzen Gottes

Der Prophet Samuel tat, was Gott ihm aufgetragen hatte. Er besuchte Jesse, einen Hirten in Bethlehem, und begutachtete dessen Söhne. Das tat er so gründlich wie ein General, der seine Truppen inspiziert. Als Erstes sah er Eliab und dachte: „Das ist er. Schau ihn dir an! Ein Bild von einem Mann! Alles spricht für ihn: Er ist groß, er ist stark, er sieht gut aus." Aber Gott sagte: „Irrtum! Er ist nicht der, den ich erwählt habe." Als Nächstes fiel Samuels Blick auf Abinadab, und er glaubte zu verstehen, wen Gott *wirklich* meinte. „Er ist nicht so groß wie Eliab, aber er sieht aus wie ein guter Krieger. Ich kann mir gut vorstellen, wie er sich furchtlos in den Kampf stürzt." Aber Gott sagte: „Schau dich weiter um, Samuel!" Samuel schaute sich den dritten Sohn an, Shammah, und dachte sich gleich, dass auch der nicht gemeint sein könne. Nachdem Jesse stolz alle seine sieben Söhne dem Propheten vorgeführt hatte und deutlich wurde, dass der Gesuchte nicht dabei war, begann Samuel sich zu wundern. „Herr, bist du sicher, dass du ‚Jesse in Bethlehem' gemeint hast?" Endlich fragte Samuel: „Hast du vielleicht noch mehr Söhne, Jesse?" Dieser zuckte mit den Schultern: „Ja, da gibt es noch den Jüngsten, aber der ist draußen bei den Schafen." „Bring ihn sofort her!", sagte Samuel mit der ganzen Autorität seines Amtes. Als David erschien, wusste Samuel sofort, dass die Suche beendet war. Er hörte Gott sagen: „Steh auf und salbe ihn! Das ist der Richtige!" An diesem Tag wurde David dazu bestimmt, der nächste König der Israeliten zu werden.

Wenn man die äußeren Umstände betrachtete, schien David nicht die allerbeste Wahl zu sein. Seine Brüder waren allesamt kriegserprobt und erfahrene Leiter. Sie waren alle größer, stärker und besser ausgebildet als David. Aber Davids besondere Fähigkeiten waren

151

schon bekannt, bevor König Saul in Ungnade fiel und Gottes Wege verließ. Samuel musste ihm sagen, dass Gott sich schon „einen Mann nach seinem Herzen gesucht hatte, der sein Volk regieren sollte" (1. Samuel 13,14; Hfa). David wurde nicht König, weil er gut aussah oder ein starker Krieger war. Er wurde König, weil er so war, wie Gott es sich wünschte. Er war fähig, Israel zu führen, weil er eine enge Verbindung zu Gott hatte.

Genau das möchte ich meinen Kindern vorleben. Ich möchte ein Vater „nach dem Herzen Gottes" sein. Ich möchte sie so lieben und annehmen, wie Gott es mit mir tut. Ich möchte seine Heiligkeit und Reinheit widerspiegeln. Ich möchte Trost und Zuflucht für sie sein, so wie Gott es für mich ist. Ich möchte der Freund meiner Kinder sein und ihnen jederzeit vergeben können, wenn sie Fehler gemacht haben. Aber ich möchte sie auch diszipliniert erziehen und ihnen Respekt beibringen.

Vater und Mutter zu sein ist für jede Generation eine schwere und herausfordernde Aufgabe, aber sie ist innerhalb einer einzigen Generation doppelt schwierig geworden, wie ein bekannter Psychologe bemerkte.[1] Unsere Gesellschaft stellt heute höhere Anforderungen und Erwartungen an Eltern als in früheren Zeiten, weil das Leben sehr kompliziert geworden ist. Die Väter erwarten von sich selbst eine Menge und kommen schnell an ihre Grenzen. Aber wenn Sie entschlossen sind, ein Vater nach dem Herzen Gottes zu sein, sind Sie nicht länger nur auf Ihre menschlichen Möglichkeiten und Ideen angewiesen. Gott ist die unerschöpfliche Quelle alles Guten, und er ist bereit und in der Lage, „durch Jesus Christus alles zu geben, was ihr zum Leben braucht" (Philipper 4,19; Hfa).

Die richtige innere Haltung

Gottes Wort sagt uns, dass „ein Mann so ist, wie er in seinem Herzen denkt". Ihre innere Erwartung ist dafür verantwortlich, ob Sie optimistisch vorangehen und die Aufgaben des Lebens meistern oder eher zögerlich sind und jedes Problem des Lebens als eine Bedrohung betrachten. Eine positive Haltung ist die Grundvoraussetzung für die Bewältigung der vielfachen Herausforderungen und Hindernisse, denen wir als Väter ausgesetzt sind. Wenn Sie es bisher nicht getan haben, möchte ich Ihnen empfehlen, sich nach einer zuversichtlichen, biblischen Sicht für die Aufgaben Ihres Lebens zu bemühen. Der Apostel Paulus sagt: „Alles kann ich durch Christus, der mir Kraft und Stärke gibt" (Philipper 4,13; Hfa). „Alles" bedeutet hier auch, dass Gott Ihnen die Weisheit geben will, um ein hingegebener, gläubiger Vater für Ihre Kinder zu sein. Er kennt die Wendungen in unserem Leben und gebraucht sie zu unserem Wachstum. Ganz gleich, welchen Begrenzungen und Schwierigkeiten Sie ausgesetzt sind: Betrachten Sie sie als einen *Reifeschritt*, den Gott Ihnen zumutet.

Ich bin überzeugt davon, dass Vaterschaft eines der wichtigsten Hilfsmittel ist, um einen Mann zur Reife zu bringen. Das ist Grund genug, sich darauf zu freuen und positiv zu bleiben. Oft geht uns diese Erwartungshaltung verloren, weil wir denken, dass alles allein von uns abhängt. Weil wir uns unserer eigenen Begrenzungen nur allzu bewusst sind, erwarten wir nicht viel. Wir verlieren aus dem Blick, dass Gott an jedem Ereignis unseres Lebens Anteil nimmt. Es hängt nicht nur von *unserer* Verantwortung, *unseren* Fähigkeiten und *unserem* Wissen ab. Wenn wir es schaffen, mit seiner Hilfe *seine* Weisheit, *seine* Stärke, *seine* Liebe, *seine* Geduld und *seine* Barmherzigkeit für uns zu entdecken und danach zu streben, haben wir eine ganz andere Grundlage. Nur der Heilige Geist kann in uns die Fähigkeiten bewirken, die wir als Väter nach dem Herzen Gottes brauchen. Unsere Aufgabe ist es, ihm täglich nahe zu sein und ihn im Gebet in alles einzubeziehen, was mit dieser Verantwortung zusammenhängt.

Diese Gedanken lassen sich in vier Aussagen zusammenfassen:
1. Eine positive Einstellung und Erwartung können meine Aufgaben als Vater sehr erleichtern.
2. Meine Vaterrolle kann starkes persönliches Wachstum in meinem Leben bewirken.
3. Die vielen Herausforderungen der Vaterschaft erweitern und bereichern meine eigene Sicht für Gottes Größe in seiner Schöpfung und in meinem Leben.
4. Es ist möglich, ein Vater nach dem Herzen Gottes zu werden.

Stellen Sie sich den besonderen Herausforderungen

Vater zu sein kann ein hartes Stück Arbeit sein, mitunter ist es auch sehr schmerzlich. Aber das sollte uns nicht schrecken. Ganz gleich, wie groß die Schwierigkeiten sind, denen Sie gegenüberstehen, egal, welchen Ballast Sie aus der Kindheit mit sich herumtragen, egal, mit welchen Schwächen Sie behaftet sind: Sie können die Kraft Gottes in Ihrem Leben erfahren und mit seiner Hilfe rechnen. Ich möchte Sie ermutigen, Veränderungen anzugehen, wenn Sie erkannt haben, dass das nötig ist.

Der überarbeitete Vater

Die Generation unserer Großväter arbeitete vorwiegend körperlich. Gegenwärtig sind die Väter an ihren Arbeitsplätzen viel stärker geistig und seelisch gefordert. Sie haben Abgabetermine, müssen Quoten erfüllen und eine Menge emotionalen Stress aushalten, den unsere hoch technisierte und schnelllebige Zeit mit sich bringt. Wie viele Väter sind nach einem langen Arbeitstag völlig erschöpft, wenn sie nach Hause kommen! Sie denken an das, was war und was morgen an neuen Aufgaben dazukommen wird. Viele arbeiten mehr als nur vierzig Stunden in der Woche. Dass an die Mütter ebenso sehr Daueranforderungen gestellt werden, ist mir völlig bewusst, aber die Väter sind in diesem Buch meine Hauptansprechpartner. In vielen Fällen bleibt den Vätern nicht viel Energie übrig, um ihre wichtigen Aufgaben in der Familie angemessen wahrzunehmen. Die meisten von uns haben neben der Arbeit noch andere Aktivitäten, die mit der Zeit für die Familie konkurrieren: Sport, Hobbys, Reparaturen im Haus, Gemeindeaufgaben, öffentliche Ämter – all das verlangt unsere Zeit und Aufmerksamkeit, und wir müssen die Wahl treffen. Es gibt unter anderem zwei Möglichkeiten, darauf zu reagieren. Erstens sollten Sie Ihre Persönlichkeit, Ihre Motive und Ihre Prioritäten neu überdenken. Vielleicht legen Sie ja Wert darauf, als „vielbeschäftigt" zu gelten, weil es Ihnen eine gewisse Sicherheit gibt. Vielleicht wollen Sie tief in Ihrem Innern auch gar nichts ändern. Vielleicht ist Ihnen diese Fragestellung unangenehm, aber es ist für die Beziehung zu Ihren Kindern von größter Bedeutung, hier nicht auszuweichen.

Die Prioritäten eines Mannes werden spätestens dann deutlich, wenn er auf der Karriereleiter aufsteigen könnte, aber dadurch mit seiner Familie viel weniger Zeit verbringen würde. Roger, den ich auf einer Männertagung kennen lernte, war so ein Mann. Er erzählte: „Der Vizepräsident rief mich in sein Büro und bot mir eine wesentlich höhere Position in der Firma an. Das hätte einen Umzug in eine andere Stadt und mehr Arbeitszeit für mich mit sich gebracht. Ich war sofort begeistert, denn ich liebe Veränderungen. Aber ich habe es mir zur Gewohnheit gemacht, in wichtigen Entscheidungen den Willen Gottes zu erfragen und mir Zeit zu lassen, ehe ich mich festlege. Mir wurde nach und nach klar, dass diese Veränderung nicht gut für uns als Familie sein würde. Meine Beziehung zu meinen beiden Söhnen war so, dass ich es nicht verantworten konnte, sie an die zweite Stelle hinter meine Karriere zu stellen. Es war sehr schwierig für mich, diese Beförderung auszuschlagen, denn ich wusste, dass es wahrscheinlich keine zweite Gelegenheit geben würde. Doch in meinem Herzen war ich sicher, dass ich richtig entschieden hatte." Das ist ein Mann nach Gottes Herzen! Rogers Entscheidung wurde durch die erfreuliche Entwicklung seiner Söhne in den folgenden Jahren bestätigt.

Zweitens ist für einen viel beschäftigten Vater die Zeiteinteilung von größter Bedeutung. Edward ist Vertreter, der beruflich häufig von Montag bis Freitag unterwegs ist. Wenn so eine Woche an der Reihe ist, wissen die Kinder schon am Anfang, dass der Samstag „Familientag" ist, an dem nichts anderes geplant werden darf. Die Kinder freuen sich darauf, weil sie wissen, dass sie ihren Vater dann ganz für sich haben. Beschäftigte Väter versuchen, aus wenig viel zu machen. Ein kleiner Spaziergang mit der Tochter oder ein Ballspiel mit dem Sohn ist kein großer Zeitaufwand und kann dennoch die Atmosphäre zwischen Vater und Kind reinigen und auf den neuesten Stand bringen. Regelmäßige Mahlzeiten in der Familie sind die besten Zeiten, um zu erfahren, was jeden bewegt. Da jeder sowieso irgendwann isst, braucht es etwas Planung und guten Willen, aber es ist möglich, wenn auch nicht so häufig wie mit kleinen Kindern.

Der geschiedene Vater

Es könnte sein, dass Sie trotz einer Scheidung mit Ihrer Aufgabe als Vater zurechtkommen müssen. Ohne Frage schwächt eine Scheidung Ihre Beziehung zu Ihrem Kind, manchmal ist sie auch zeitweise unterbrochen. In den meisten Fällen leben die Kinder bei der Mutter. Wenn sie nach der Trennung verbittert und ablehnend ist, wird ihr oft auch nicht an einem positiven Kontakt zum Vater der Kinder gelegen sein. Für viele Väter ist es dann äußerst schwierig, einen regelmäßigen Kontakt zu den Kindern zu behalten und die Beziehung nicht abreißen zu lassen. Lassen Sie mich an dieser Stelle eine eindringliche Warnung für geschiedene Mütter und Väter anbringen: Halten Sie unter allen Umständen die Kinder aus den Konflikten mit Ihrem geschiedenen Partner heraus! Die ablehnende Haltung, die Sie vermitteln, überträgt sich unweigerlich sehr nachhaltig auf das Kind und belastet für lange Zeit die Beziehung der beiden.

Dick Day berichtet von einer Frau, die wegen der Schwierigkeiten mit ihrer dreizehnjährigen Tochter zu ihm in die Beratung kam. Der Vater hatte die Familie während der Schwangerschaft der Frau verlassen, und das Mädchen war jetzt voller Ablehnung und Verbitterung gegen ihn. Dick fragte, wie viel Zeit die Tochter in den letzten dreizehn Jahren mit ihrem Vater verbracht habe. Die Mutter schätzte die Zeit auf ungefähr zwei Monate. Dick wusste, dass sich in einer so kurzen Zeit unmöglich so viel Ärger und Ablehnung auf Seiten der Tochter entwickelt haben konnte. Er vermutete, dass die Einstellung des Mädchens mit den Äußerungen der Mutter über den Vater in all den Jahren zusammenhing. Die Frau dachte eine Woche darüber nach und bestätigte beim nächsten Treffen Dicks Vermutung. „Ich habe meine Tochter eigentlich immer nur mit Negativ-Informationen über ihren Vater versorgt. Kein Wunder, dass sie ihn ablehnt. Die Probleme, die sie jetzt mit ihm hat, habe ich mitverursacht."

Ich kenne einige Väter, die es geschafft haben, trotz der Scheidung ein positives Verhältnis zu ihren Kindern aufrechtzuerhalten. Diese Väter sind weise und klug. Tom ist ein Beispiel. Bei seiner Scheidung waren seine beiden Töchter elf und dreizehn Jahre alt. Obwohl er selbst schwer unter den Folgen der Trennung litt, bemühte er sich weiterhin, seinen Töchtern emotional nahe zu bleiben. Er konnte ihnen die Sicherheit vermitteln, immer für sie da zu sein. An den Besuchstagen am Samstag taten sie ganz normale Dinge miteinander, wie Hausarbeiten oder Schulaufgaben erledigen, oder Tom unternahm etwas mit seinen Kindern, das sie interessierte. Nach einiger Zeit stellte sich heraus, dass seine Ex-Frau nicht länger für die Kinder sorgen konnte. Die Kinder zogen ganz zu ihrem Vater, der in der Zwischenzeit wieder geheiratet hatte. Die Mädchen haben inzwischen die Folgen der Trennung einigermaßen bewältigt, sicher auch dank ihres Vaters, der in schwierigen Zeiten nicht aufgegeben hatte.

Scheidungsväter, denen es gelingt, nach einiger Zeit wieder eine positive Einstellung zum Leben zu bekommen, können ihren Kindern besser dabei helfen zu akzeptieren, dass ihre Eltern nicht mehr zusammenleben wollen. Wenn Ihr Leben aber zu lange von Ablehnung, Hass und Leere bestimmt wird, hat das schädliche Auswirkungen auf Ihre Umgebung und erst recht auf die Kinder, die mit dieser Situation fertig werden müssen. Ein Mann, der seine Aufgaben im Blick behält, der engen, persönlichen Beziehungen mit Freunden nicht ausweicht und vielleicht auch Hilfe unter anderen Betroffenen sucht, wird eher zu einer positiven Haltung in dieser Lebenskrise finden können. Bei allem Schmerz kann er damit noch zu einem Beispiel für seine Kinder werden, Probleme in ähnlicher Weise anzupacken.

Der Stiefvater

In den letzten Jahren hat die Zahl der Wiederverheiratungen und damit auch die der Mischfamilien oder so genannten „Patchworkfamilien" stark zugenommen. In den USA ist es bei vierzig Prozent der Eheschließungen für einen oder beide Partner bereits die zweite Ehe. Jeder dritte Amerikaner (das sind sechzig Millionen Erwachsene und zwanzig Millionen Kinder[2]) ist ein Stief-Elternteil, ein Stiefkind oder Halbgeschwister. Eines von fünf Kindern unter achtzehn ist ein Halbgeschwister.[3] Etwa ab dem Jahr 2000 werden in unserer Gesellschaft solche Familien die Mehrheit bilden, in denen ein Partner oder beide bereits Kinder mit in die neue Ehe bringen.[4]

Die Aufgabe als Vater ist an sich schon eine Herausforderung, und ein Stiefvater hat es erst recht schwer. Ihr Stiefkind lehnt Sie vielleicht ab, weil Sie Ansprüche auf seinen Besitz erheben: seine Mutter. In seinen Augen konkurrieren Sie mit ihm um ihre Liebe und Aufmerksamkeit. Höchstwahrscheinlich wird es auch jeden Versuch Ihrerseits zurückweisen, erzieherisch in sein Leben einzugreifen. Es stellt Ihre Autorität in Frage, denn Sie sind schließlich nicht sein Vater. Wenn das Kind Sie aber mag, kommt es zu Loyalitätskonflikten, denn es fühlt sich dem leiblichen Vater gegenüber als Verräter. In jedem Fall braucht es viel Zeit und immer neue Anläufe, um aus dieser neuen Beziehung eine echte Eltern-Kind-Beziehung wachsen zu lassen. Ich habe erlebt, wie das geschehen kann und möchte dazu ein paar begleitende Gedanken weitergeben.

Lassen Sie dem Kind Zeit. Es braucht eine Weile, um seine Gefühle in Ordnung zu bringen und sich von den mit den Eltern erlebten Konflikten zu erholen. Es will sein Vertrauen nicht wieder allzu schnell verschenken, weil es neue Verletzungen fürchtet. Wenn Sie zu schnell eine neue Situation schaffen wollen oder sogar „versäumte Erziehung" nachholen wollen, wird sich das Kind mit Sicherheit zurückziehen. Wenn Sie dem Kind Zeit lassen, Sie kennen zu lernen, ohne es zu bedrängen, haben Sie bessere Chancen für eine gemeinsame Zukunft.

In vielen Patchworkfamilien läuft Folgendes ab:
1. Sofortige Annahme als neuer Vater: „Er gefällt mir. Heirate ihn." Das Kind ist mit jedem zufrieden, der seine Mutter (wieder) glücklich macht.
2. Das Kind merkt, dass die paradiesische Zeit mit Mama allein zu Ende ist. „Ich kann dich nicht leiden! Du bist nicht mein Vater. Ich werde nie tun, was du sagst!" Es ist wichtig, sich in diesem Stadium nicht entmutigen zu lassen. Das Kind hat mit einer Menge widerstreitender Gefühle zu kämpfen. Als neuer Vater sind Sie vielleicht die Zielscheibe seines Zorns auf den leiblichen Vater. Oder seine Ablehnung ist eine Art Test, ob Sie es *wirklich* ernst meinen. Ihre Geduld, Offenheit und liebevolle Zuwendung werden am Ende siegen – wenn Sie durchhalten.
3. Das Kind nimmt Sie an, nachdem es Sie kennen gelernt hat und

vertraut Ihnen. Es hat begriffen, dass Sie es mögen und annehmen, egal *wessen Kind* es ist.

Die dritte Stufe kann Wochen oder Monate dauern, manchmal Jahre. Am Ende erwartet aber einen Stiefvater nach dem Herzen Gottes das gleiche Ergebnis wie einen leiblichen Vater: die Liebe und Achtung seines Kindes.

Der unvollkommene Vater

Wir alle gehören zu dieser Gruppe, auch wenn es uns schwer fällt, das zuzugeben. Jeder von uns beginnt seine Vaterschaft mit Defiziten, die sich im Laufe des Lebens angesammelt haben. Aber Gott kann sie überwinden und sogar gebrauchen, damit wir ein Vater nach seinem Herzen werden.

Jim hatte schon immer mit seiner Eigenschaft zu kämpfen, dass er sich nicht beherrschen kann und schnell wütend wird, und zwar in Worten und Taten. Carl leidet darunter, dass er oft zu schnell „Ja" sagt und seine Familie durch seine vielen Aktivitäten zu kurz kommt. Er plagt sich mit Schuldgefühlen herum. Paul ist brenzligen Situationen immer ausgewichen. Er schämt sich dafür, dass er nicht mutiger ist. Andere Väter haben schlicht zu wenig *Wissen* über Kindererziehung. Sie haben sich wenig Gedanken darüber gemacht und wissen nicht, wo und wie sie dazulernen können. Ein Kommentar, den ich auf vielen Seminaren immer wieder höre, ist: „Hätte ich vieles nur früher gewusst, dann wären den Kindern und mir eine Menge trauriger Stunden erspart geblieben. Ich habe so viel falsch gemacht."

Viele Männer haben Schwierigkeiten mit ihrer Vaterrolle, weil sie selbst kein brauchbares Vorbild erlebt haben. Sie sind vielleicht in einer Familie ohne Vater groß geworden, auch wenn die Familie offiziell vollständig war. Häufig wird von den Männern in ihrem Beruf so viel (Zeit) gefordert, dass sie auch mit den besten Absichten nicht genug Zeit für ihre Familien aufbringen können. Sie sehen ihre Kinder fast immer nur dann, wenn sie schlafen. Manchen Vätern sind auch ihre Hobbys wichtiger als ihre Kinder. Vereine und Sport stehen in unserer Gesellschaft so hoch im Kurs, dass man(n) das schon als Alibi benutzen darf, um die Familie zu vernachlässigen, wenn es zu Hause recht stressig ist mit den Kindern. Die Erziehung übernehmen dann die Mütter, und es ist nicht verwunderlich, dass Frauen gegen diese Form der Arbeitsteilung aufbegehren. Die wachsende Zahl der Scheidungswaisen reduziert den Einfluss der Väter weiterhin, wenn es dem Paar nicht gelingt, den Vater oder die Mutter trotz der Trennung in das Familienleben einzubeziehen.

Die fortschreitende Individualisierung unserer Gesellschaft macht es immer schwieriger, außerhalb der Familie Männer zu finden, die bereit sind, als Vatervorbild für Kinder zu fungieren. Es bleibt eher dem Zufall überlassen, wo ein Kind sich Vorbilder sucht. Gemeindemitglieder wären hier gefordert, sind aber häufig schon durch vielfältige Aufgaben überfordert. Viele Väter haben nie eine intakte Familie erlebt, auch nicht aus zweiter Hand durch Freunde oder Bekannte. Ich hoffe, dass dieses Buch eine Hilfe sein kann, indem es wenigstens schriftlich Vorbilder beschreibt.

Grenzen als Möglichkeiten persönlichen Wachstums

Wir alle müssen mit unseren Schwächen und Grenzen zurechtkommen. Das Leben als Christ ist ein Wachstumsprozess. Gott gibt uns die Möglichkeit, schädliche Gewohnheiten und sündiges Verhalten zu überwinden und aus der Vergebung neue Kraft für unser Leben zu bekommen. Wenn wir ehrlich mit uns sind, müssen wir einsehen, dass unsere Fehler als Väter uns dazu bringen sollten, uns zu hinterfragen. Persönliches Wachstum ist nötig, aber es ist oft ein schmerzlicher Prozess, der viel Kraft erfordert. Wir können uns entweder davor drücken oder die Herausforderung annehmen und zu Vätern und Ehemännern werden, an denen Gott (und die Familie) Freude hat. Ich betrachte unser Leben als Gottes besonderes Geschenk an uns. Seine Vergebung durch Jesus Christus ist eine machtvolle Aufforderung, unser Leben in Ordnung zu bringen und uns mit seiner Hilfe unseren Aufgaben zu stellen. Er will nichts weiter als unsere Bereitschaft, ihn durch uns wirken zu lassen, damit er uns seine Liebe zeigen, uns befreien und segnen kann.

Ihre persönlichen Lebensumstände und Ihre Stärken und Schwächen sind Gottes Art und Weise, Sie zu *dem* Mann Gottes zu machen, den er sich wünscht. Sie werden auf diesem Weg nicht nur selbst zufriedener werden, sondern auch Ihre Kinder werden einen Vater erleben, der sich nach Gottes Weisungen ausrichtet. Das ist auf jeden Fall das Beste, was Sie ihnen mitgeben können, auch wenn es Fehler und Rückfälle gibt. Die zehn väterlichen Eigenschaften, die ich in diesem Buch beschrieben habe, sind schon in Ihnen angelegt, wenn der Geist Gottes in Ihnen lebt, ganz gleich, ob Sie sich dessen bewusst sind oder nicht (Johannes 3,8; 2. Thessalonicher 2,13). Durch Gebet und viel Übung und Wachstum im Glauben können diese Eigenschaften in Ihrer Beziehung zu Ihren Kindern zur Wirkung kommen. Wenn Sie sich Tag für Tag auf Ihren himmlischen Vater verlassen und ihn um Leitung bitten, werden Sie ihm Tag für Tag ähnlicher werden.

Fragen zum Nachdenken, zum Gespräch miteinander, zum Handeln

1. Überdenken Sie Ihre Einstellung zu Ihren Aufgaben als Vater. Ist sie positiv oder eher negativ? Erklären Sie die Gründe für Ihre Antwort.

2. Wie würde Ihre Frau Ihre Haltung und Handlung als Vater beschreiben? Erklären Sie Ihre Antwort.

3. Führen Sie den folgenden Satz zu Ende und lernen Sie ihn auswendig: „Es ist für mich eine bereichernde Erfahrung, meinen Kindern ein aufmerksamer, liebevoller Vater zu sein, weil . . .“

4. Welche zwei Gedanken haben Sie in diesem Kapitel besonders angesprochen? Erklären Sie, warum sie Ihnen wichtig sind und wie Sie sie in Ihrem Leben umsetzen wollen.

5. Nehmen Sie sich eine halbe Stunde Zeit und beenden Sie folgenden Satz: „Nachdem ich dieses Buch gelesen und mit anderen besprochen habe, möchte ich mir Folgendes vornehmen: . . .“ Gehen Sie ins Detail. Teilen Sie die Ergebnisse, soweit möglich, Ihrer Gruppe mit. Beten Sie zusammen für die Vorhaben der Gruppenmitglieder. Wenn Sie keiner Gruppe angehören, sprechen Sie mit Ihrer Frau oder einem guten Freund über Ihre Entschlüsse.

6. Welche der zehn Eigenschaften in diesem Buch ist schon am stärksten in Ihrem Leben sichtbar? Welche müssen noch entwickelt werden? Bitten Sie Gott um seine Kraft für ihre Verwirklichung.

Kapitel 14

Was Väter und Kinder zusammen tun können

(Versuchen Sie, kreativ zu sein und passen Sie die folgenden Vorschläge der Zahl, dem Alter und Geschlecht Ihrer Kinder an.)

- Alle zwei oder drei Monate hat jedes Kind eine „besondere Verabredung mit Papa".
- Sonntagnachmittag ist Spieletag.
- Werkeln Sie zusammen im Haus, am Fahrrad oder am Auto.
- Kochen Sie ein ganz besonderes Essen für Mama. Die Kinder stellen das Menü zusammen und sind die Kellner (und räumen anschließend auch auf!).
- Frühstücken Sie samstags zusammen.
- Basteln Sie etwas mit dem Kind, das seinem Alter entspricht, aber überlassen Sie dem Kind den Großteil der praktischen Arbeiten.
- Machen Sie eine Erkundungstour durch Wald und Wiesen.
- Gehen Sie über Nacht oder ein ganzes Wochenende lang gemeinsam zum Zelten.
- Backen Sie gemeinsam eine Riesenportion Kekse für alle Freunde Ihrer Kinder.
- Besorgen Sie zwei billige Kameras und viele Filme. Machen Sie Schnappschüsse zusammen, und zwar drinnen und draußen. Suchen Sie gemeinsam die schönsten Bilder aus und stellen Sie eine Collage damit zusammen.
- Suchen Sie Bibelverse aus, die jedem etwas bedeuten, und lernen Sie sie zusammen auswendig. Sie können darüber reden, was Ihnen die Inhalte bedeuten. Als Belohnung für das erfolgreiche Lernen gibt es etwas Leckeres zu essen.
- Spielen Sie im Garten oder in einem Park Federball.

- Spielen Sie zusammen Videospiele. (Jawohl, auch das schafft Beziehung.)
- Arbeiten Sie gemeinsam am Computer.
- Gehen Sie mit zum Sportverein oder zu besonderen Aktivitäten Ihres Kindes. Ermutigen Sie es und loben Sie es – aber nur, wenn es ehrlich gemeint ist. Kinder merken es, wenn Sie unehrlich sind.
- Entwerfen Sie zusammen einen Plan für den Garten und pflanzen Sie gemeinsam Blumen oder Gemüse.
- Fragen Sie Ihr Kind: „Was ist das Beste, was dir heute passiert ist?"
- Bitten Sie Ihr Kind, für Sie zu beten.
- Überlegen Sie zusammen eine Überraschung für Mama oder die Großeltern, z. B. ein Programm: „Dies ist dein Leben" mit Dias und ihrer Lieblingsmusik.
- Erzählen Sie Ihren Kindern, warum Sie ihre Mutter lieben. Dann sagen die Kinder, wofür sie sie lieben. Schreiben Sie alle diese Gründe auf eine Riesenpostkarte. Die Kinder dekorieren sie und überreichen das gute Stück an Mama.
- Organisieren Sie einen Abend mit anderen Familien, an dem jeder etwas beitragen muss. Führen Sie große und kleine Talente vor! Leihen Sie sich eine Videokamera aus, um das Können der kleinen Künstler für die Nachwelt aufzuzeichnen.
- Jeder erzählt beim Essen von seinem „peinlichsten Erlebnis".
- Jedes Kind schreibt einige Gutscheine für gemeinsame Unternehmungen mit Ihnen, z. B. Eis essen, ein Fußballspiel ansehen, Bowling, Rad fahren, Pizza essen, eine Stunde ganz allein sein mit Papa. Als Regel könnte festgelegt werden, dass jedes Kind monatlich einen Gutschein einlöst.
- Lesen Sie gemeinsam ein Buch der Bibel und sprechen Sie anschließend darüber.
- Besuchen Sie gemeinsam ein Museum, das die Kinder interessiert. Manchmal merken Kinder auch erst im Nachhinein, dass so etwas sehr interessant sein kann. Geben Sie also nicht vorschnell auf, was den Besuch von Museen angeht.
- Besorgen Sie gemeinsam ein neues Parfüm oder Deo für Mama, das allen gefällt – hoffentlich auch Ihrer Frau.
- Finden Sie heraus, wo man Obst selbst pflücken kann, und machen Sie einen Familienausflug dorthin. Bedenken Sie, dass

Mama die guten Sachen wahrscheinlich verarbeiten muss. Also lieber keine Alleingänge starten.

- Gehen Sie gemeinsam Kleidung für sich oder die Kinder kaufen. Lassen Sie sich von ihnen beraten. Das ist natürlich nervenschonender, solange die Kinder noch nicht im Teenager-Alter sind.
- Picknicks in jeder Form sind bei Kindern aller Altersstufen beliebt.
- Begleiten Sie Ihre Kinder zur Bibliothek; sie ist meist auch in den frühen Abendstunden offen. Informieren Sie sich über das Angebot und machen Sie die Kinder auf spannende Bücher aufmerksam. Lesende Kinder sind immer sinnvoll beschäftigt.
- Leihen Sie ein Aerobic-Video aus und probieren Sie die Übungen gemeinsam. Das kostet vielleicht etwas Überwindung, tut aber der ganzen Familie gut.
- Informieren Sie sich über preisgünstige Konzerte in Kirchen oder Schulen, die Sie gemeinsam besuchen können.
- Gemeinsam Rad fahren und Drachen steigen lassen sollten zum Standard-Programm jeder Familie gehören.
- Schreiben Sie gemeinsam einen Brief an Oma und Opa oder eine andere geliebte Person und lassen Sie die Kinder aufzählen, was sie an ihnen schätzen und lieben. Die Großeltern werden begeistert sein und die Kinder lernen, Wertschätzung auszudrücken.
- Nehmen Sie sich Zeit, mit Ihren Kindern deren Lieblingssendung im Fernsehen anzuschauen.
- Pflücken Sie mit einem Kind für eine besondere Person einen Blumenstrauß im Garten oder auf der Wiese.
- Pflücken Sie einen Blumenstrauß für Ihre Tochter.
- Bauen Sie ein Bücherregal mit Ihrem Sohn. Auch für relativ Ungeübte ist das nicht zu schwierig.
- Veranstalten Sie einen gemütlichen Abend. Alle Lichter werden ausgeschaltet, möglichst viele Kerzen angezündet, und bei Popcorn und Getränken werden reihum Geschichten erzählt.
- Beten Sie zusammen für Menschen, die in Schwierigkeiten sind.
- Wie wär's mit Seifenblasen im Garten?
- Wenn Ihre Kinder mitmachen, üben Sie mit ihnen Rollenspiele oder kleine Theaterstücke zu besonderen Anlässen wie Weihnachten oder Ostern ein.

- Lesen Sie gemeinsam die Narnia-Geschichten von C. S. Lewis; sie enthalten viele Hinweise auf Jesus und den christlichen Glauben.
- Überraschen Sie Ihr Kind, indem Sie es von der Schule abholen und zu einem Restaurantbesuch oder Picknick einladen.
- Veranstalten Sie ab und zu einen „Ehrenabend" für einzelne Familienmitglieder. Es gibt das Lieblingsessen der Person, und ihr Platz ist besonders geschmückt. Jeder in der Familie beendet den Satz: „Was ich besonders an dir mag: . . ."
- Das Sonntagsessen kann ab und zu besonders feierlich sein. Jeder zieht seine besten Sachen an, das schönste Geschirr steht auf dem Tisch. Das ist eine gute Gelegenheit, um „Etikette" zu üben.
- Verbringen Sie einen halben Tag auf dem Flugplatz oder in einem Schiffshafen (ist vielleicht mehr für Söhne von Interesse).
- Fahren Sie mit Ihrem Sohn zu einem Fußballspiel seiner Lieblingsmannschaft.
- Besuchen Sie einen größeren Flohmarkt. Vielleicht können Sie sogar einen eigenen Stand anmelden und Spielzeug oder anderes verkaufen. Verschiedene christliche Institutionen und Organisationen bieten Vater-Sohn-Wochenenden an.

Bibliografie

Kapitel 1

[1] Zusammengestellt aus Daten des *Children's Defense Fund* und dem Buch *13th Generation* von Neil Howe und Bill Strauss sowie einer Sonderausgabe des Fortune Magazine vom 10. August 1992: *Children in Crisis: The Struggle to Save America's Kids.*

[2] Kathleen Fury: *Sex and the American Teenager.* Ladies Home Journal, März 1986, S. 60.

[3] Armand Nicoli, Jr.: *Changes in the American Family.* White House Paper, 25. Oktober 1984, S. 7–8.

[4] Josh McDowell und Bob Hostetler: *Right From Wrong.* Dallas Word Publishing, 1994, S. 255.

Kapitel 3

[1] Dan Benson: *The Total Man.* Tyndale House Publishers, 1977, S. 26.

Kapitel 4

[1] Jerry Adler: *Building a Better Dad.* Newsweek, 17. Juni 1996, S. 61.

[2] Kathleen Fury: *Sex and the American Teenager.* Ladies Home Journal, März 1986, S. 60.

[3] Marilyn Elias: *Parents' Divorce Affects Sex Life of Collegians.* USA Today, 8. November 1989.

[4] Christopher P. Andersen: *Father: The Figure and the Force.* Warner Books, 1983, S. 86–87.

[5] Frank Martin: *The Kid-Friendly Dad.* InterVarsity Press, 1994, S. 85.

[6] Leslie Jane Nonkin: *I Wish My Parents Understood.* Penguin Books, 1982, appendix 2, S. 58.

[7] Reginald W. Bibby und Donald C. Posterski: *The Emerging Generation – An Inside Look at Canada's Teenagers.* Irwin Publishing, 1985, S. 39.

[8] Stewart Powell: *What Entertainers are Doing to Our Kids.* U.S. News and World Report, 28. Oktober 1985, S. 46.

[9] Carol Towarnicky: *Positive Images Needed to Combat Teenage Pregnancy.* Houston Chronicle, 12. Januar 1986, S. 17–18.

[10] Josh McDowell und Dick Day: *Why wait?* Here's Life Publishers, 1987, S. 45.

[11] Thomas L. Trevethan: *The Beauty of God's Holiness.* InterVarsity Press, 1995, S. 13.

[12] Josh McDowell und Dick Day: *How to Be a Hero to Your Kids.* Word Books, 1991, S. 132.

Kapitel 5

[1] Associated Press: *Top High School Students Admit They Have Cheated.* Hamilton Journal-News, 20. Oktober 1993.

[2] George Barna: *The Invisible Generation.* Barna Research Group, 1992, S. 81.

[3] Siehe 1. Thessalonicher 4,11–12.

[4] Dennis Rainey: *Pulling Weeds, Planting Seeds.* Here's Life Publishers, 1989, S. 29–30.

[5] Psalm 24,3

Kapitel 6

[1] James L. Schaller: *The Search for Lost Fathering.* Fleming H. Revell, 1995, S. 142–43.

[2] Zwei Bücher für Väter, die ihren Kindern aufrichtige Versprechen machen wollen: Joni Earickson-Tada und Ron DiCianni:
Tell Me the Promises. Crossway Books, 1996,
und Stephen Gabriel: *A Father's Covenant.*
173 Promises for Consideration and Reflection. Harper San Francisco, 1996.

Kapitel 7

[1] Dr. David Ferguson und Dr. Don McMinn: *Top 10 Intimacy Needs*. Intimacy Press, 1994, S. 52–53.

[2] In dem Buch *Psalm 23* von Phillip Keller wird die Bedeutung des Hirtenstabes ausführlich beschrieben. Gerth Medien 1999.

[3] Dan Benson: *The Total Man*. Tyndale House Publishers, 1977, S. 183.

Kapitel 8

[1] David Elkind: *The Facts About Teen Suicide*. Parents' Magazine 65, Nr. 1, Januar 1990, S. 111.

[2] Who's Who Among American High School Students: *The 24th Annual Survey of High Achievers*. Top High School Students Admit They Have Cheated. Hamilton Journal-News, 20. Oktober 1993.

[3] Nadine Brozan: *New Look at Fears of Children*. New York Times, 2. Mai 1983, B5.

[4] Epheser 4,15.

Kapitel 9

[1] Jerry Adler: *Building a Better Dad*. Newsweek, 17. Juni 1996, S. 60.

[2] 1. Mose 17,4–5; Römer 4,17–18

Kapitel 10

[1] 1. Mose 2,17

[2] McDowell und Day: *How to Be a Hero to Your Kids*. S. 29.

[3] John Redmond: *Successful Discipline*. Better Homes and Gardens 72, Nr. 4, April 1994, S. 32.

[4] ebd.

[5] McDowell and Day: *How to Be a Hero to Your Kids*. S. 199–200.

[6] ebd., S. 201.

Kapitel 11

[1] Allen C. Guelzo: *Fear of Forgiving*. Christianity Today 37, Nr. 2, 8. Februar 1993, S. 42.

[2] McDowell and Day: *How to Be a Hero to Your Kids*. S. 204.

Kapitel 12

[1] Dr. James Dobson: *The Strong-Willed Child*. Tyndale House Publishers, S. 132.

Kapitel 13

[1] Jerry Adler: *Building a Better Dad*. Newsweek, 17. Juni 1996, S. 59.

[2] Myriam Weisang Misrach: *The Wicked Stepmother and Other Nasty Myths*. Redbook 181, Nr. 3, Juli 1993, S. 88.

[3] Connie Schultz: *Separating Fact, Fiction of Blended Family*. Cleveland Plain Dealer, 28. Januar 1995, 1E.

[4] Virginia Rutter: *Lessons from Stepfamilies*.

DER ULTIMATIVE MÜHLAN-RATGEBER!

Claudia & Eberhard
Mühlan:

DAS GROSSE FAMILIEN-HANDBUCH

Erziehungstips für alle
Entwicklungsphasen
Ihres Kindes

Nach 25 turbulenten Ehejahren
mit 13 Kindern haben Claudia und Eberhard Mühlan
reichlich Erfahrungen und jede Menge erprobte Praxis-
Strategien gesammelt, von denen schon unzählige
Familien profitieren konnten.

In kurzen, knackigen Kapiteln auf jeweils einer Doppel-
seite geben sie Rat in allen Fragen der Erziehung – von
der Geburt bis zum heiklen Teenageralter. Und damit bei
alledem die eheliche Beziehung nicht zu kurz kommt,
gibt es auch zum Thema Partnerschaft viel Nährstoff.

Die einzelnen Kapitel sind übersichtlich nach Stichworten
geordnet und machen das zweifarbig gestaltete Buch zu
einem stets aktuellen Nachschlagewerk für alle
Erziehungsfragen. Über 200 Fotos sowie Fragebögen,
Platz für Notizen und weiterführende Literaturhinweise
runden diese „Pflichtlektüre" für engagierte Eltern ab.

Gebunden, 280 Seiten, Bestell-Nr. 815 434

JEDEN TAG GOTT BEGEGNEN
UND IHN IMMER BESSER KENNENLERNEN

Dennis & Barbara Rainey:

STILLE ZEIT
ZU ZWEIT

Das Andachtsbuch
für Ehepaare

Endlich ein Andachtsbuch für Paare!
Es ist gar nicht so einfach, im Ehe-Alltag die gemeinsame
Zeit vor Gott nicht zu vernachlässigen. Und dabei ist es so
wichtig, daß Sie als Ehepartner Ihre Beziehung und Ihre
Familie immer neu vor Gott bringen und seinem Schutz
unterstellen.

Dieses Buch will Ihnen dabei helfen, jeden Tag einen
besonderen Aspekt Ihrer Ehe, Ihrer Familie und Ihres
Glaubens gemeinsam zu betrachten und um Gottes
Führung und Rat zu bitten. In den täglichen Andachten
geht es um Erziehungsprobleme, Streitigkeiten, Ängste
von Eltern, Verantwortung und Dankbarkeit – aktuelle
Themen, die Sie als Ehepaar und Eltern bewegen.

Das macht die „Stille Zeit zu zweit" zu einer Quelle
biblischer Weisheit und wertvoller Impulse, die Sie
durch den Tag begleiten und Ihre Beziehung bereichern
können.

Gebunden, 385 Seiten, Bestell-Nr. 815 514